Wilfried Weber

Wege zum helfenden Gespräch
Gesprächspsychotherapie in der Praxis

Ein Lernprogramm mit kurzen Lernimpulsen,
konkreten Hinweisen und vielen praktischen Übungen

2. unveränderte Auflage

1974

Ernst Reinhardt Verlag München/Basel

Dr. Wilfried Weber, geb. 9. 8. 1934, theologisches und psychologisches Studium von 1955 bis 1965 in Tübingen und Heidelberg, vier Jahre Mitarbeit in der Erwachsenenbildung (Schwerpunkt: Lehrmethoden), seit 1970 therapeutische Beratung und Seelsorge im persönlichen Gespräch (z. Z. im »Beratungszentrum Kronprinzstraße«, Stuttgart) und in der Telefonseelsorge. Fortbildung von Sozialarbeitern und Seelsorgern.
Anschrift: Dr. W. Weber, 7 Stuttgart 1, Postfach 612

1. Auflage Januar 1974
2. Auflage Juni 1974

ISBN 3 497 00717 X

© Copyright 1974 by Ernst Reinhardt Verlag in München
Druck: Loibl, Neuburg (Donau)
Printed in Germany

Inhalt

Einführung in das Lernprogramm

Methodisch-pädagogische Überlegungen

Der Erfolg eines Lernprozesses hängt nicht nur von der sachlichen Richtigkeit der dargebotenen Informationen ab; er ist stark geprägt durch die Methode, wie der Lernstoff vermittelt wird. Deshalb muß in gebotener Kürze von Lernmethoden gesprochen werden; zuvor sind Lernziel, Zielgruppe und Zeitplan zu skizzieren.

I. Lernziel — Zielgruppe — Zeitplan

1. Lernziel

Dieses Buch zeigt Wege zum helfenden Gespräch, zum therapeutischen Dialog. Im Mittelpunkt steht das therapeutische Basisverhalten: Die wichtigsten Verhaltensweisen eines Therapeuten (Sozialpädagogen, Seelsorgers, Beraters, Erziehers usw.) werden dargestellt und sollen eingeübt werden. Was dieses Buch anbietet, befähigt zu einer zuverlässigen und methodisch durchdachten Gesprächsführung.

Der 1. Teil des Lernprogramms ist der klientenzentrierten Gesprächspsychotherapie gewidmet und bietet hauptsächlich die Methoden an, die von *Carl Rogers* und *Reinhard Tausch* entwickelt wurden. Ergänzend dazu bringt der 2. Teil Informationen, die mehr in den Bereich der Kommunikationspsychologie und Tiefenpsychologie gehören. – Das Inhaltsverzeichnis nennt konkrete Einzelheiten.

2. Zielgruppe

Das vorliegende Lernprogramm hat einen leicht überschaubaren Aufbau und bemüht sich durchgängig um sprachliche Formulierungen, die leicht zu lesen und zu verstehen sind. Insofern eignet es sich besonders für Sozialarbeiter, Sozialpädagogen, Seelsorger, Telefonseelsorger, Eheberater, Psychologiestudenten, außerdem für Psychologen und Mediziner, die psychotherapeutische Funktionen übernehmen wollen. Ein Teil des Lernstoffs eignet sich auch zur Schulung von Krankenschwestern, Gemeindehelferinnen, Diakonen, Seelsorgehelfern, Altenpflegern und ähnlichen Berufszweigen. Ehepartner und Eltern, die dieses Programm durcharbeiten, werden mit ihren Familienangehörigen wesentlich besser kommunizieren und umgehen können.

Wer den genannten Personenkreis auszubilden oder fortzubilden hat, findet in diesem Buch ein praktikables und flexibles Arbeitsmaterial. Es kann von Lehrenden benützt werden, läßt sich aber auch ohne Anleitung durch Fachleute benutzen (Einzelstudium, Gruppenstudium von Lernenden).

3. Zeitplan

Wieviel Zeit zum Durcharbeiten des Lernprogramms benötigt wird, hängt ab von der Vorbildung des Lernenden, seiner Zielsetzung und seiner Einsatzbereitschaft. Eine Rolle spielt auch, ob man alleine oder innerhalb einer Gruppe arbeitet, und ob die Gruppe einen Trainer (Supervisor) hat.

Eine grobe Überschlagung ergibt, daß etwa hundert Arbeitsstunden aufzuwenden sind. Ein Arbeiten im Block erweist sich als besonders günstig.

Für Lerngruppen gibt es folgende günstige Möglichkeiten:

1. Anfangstagung von insgesamt fünf Tagen mit achtstündiger Arbeitszeit. Nach etwa drei Monaten eine Zwischentagung von vier Tagen, nach weiteren drei Monaten eine Abschlußtagung von drei Tagen.

2. Anfangstagung von drei bis fünf vollen Tagen, dann wöchentliche Arbeitssitzungen von jeweils zwei bis drei Stunden. Es folgt eine Zwischentagung von mindestens zwei Tagen, dann weitere wöchentliche Arbeitssitzungen, schließlich eine Abschlußtagung von mindestens zwei Tagen.

Das Lernprogramm ist, mit wenigen Ausnahmen, so aufgebaut, daß es in kleinen, in sich selbständigen Lerneinheiten erarbeitet werden kann.

II. Lernmethoden

Nachstehend wird in knapper Form aufgezeigt und begründet, welches pädagogische Konzept hinter diesem Lehrbuch steht.

1. Zum Thema »Impulsmethode«

Die einzelnen Kapitel dieses Buches sind nach dem Konzept der sogenannten »Impulsmethode«[1] gestaltet. Die Information geschieht in der Form von Lernimpulsen und Denkanstößen, also in geraffter und gestraffter Form, in thesenhafter Kürze. Der Lernende hat die Aufgabe, die Lernimpulse selbständig zu verarbeiten, wobei das Gespräch innerhalb einer Lerngruppe eine bedeutsame Rolle spielt.

Für die Impulsmethode sprechen folgende Gründe:

a) Sie zwingt den Lehrenden
– »zu durchdachter und übersichtlicher Gliederung,
– zu Kürze und Deutlichkeit der Formulierung,
– zu einem Darstellungsstil, der eine Diskussion nahelegt«[2].

b) Sie führt bei den Lernenden dazu,
– »daß die Fähigkeit zu gedanklichem Nachvollzug nicht überfordert wird,
– daß ihre Aufmerksamkeit erhalten bleibt«[3],
– daß sie zu eigenem Denken angeregt werden,
– daß sie ihr Wissen und ihre Kritik leicht in den Lernprozeß einbringen können,

---

[1] *F. Pöggeler*, Methoden der Erwachsenenbildung, Freiburg 1964, 108 ff; *W. Erl*, Methoden moderner Jugendarbeit, Tübingen 1969, 38 ff
[2] Die Volkshochschule, Handbuch für die Praxis der Leiter und Mitarbeiter, Frankfurt 1968, Blatt 71.126
[3] ebenda

– daß ihr Bedürfnis nach Information und Kommunikation befriedigt wird«[4],
– daß es im Gespräch miteinander zu einem intensiven Kommunikationsprozeß kommt und also keine Einweg-Kommunikation stattfindet.

2. Zum Thema »Arbeitspapiere«

Die Kapitel dieses Buches haben die Form von sogenannten »Arbeitspapieren«, der Leser muß intensiv und produktiv mit ihnen arbeiten. Er kann einzelne Passagen unterstreichen oder ganz streichen, er kann kritische und klärende Anmerkungen anbringen, er kann ergänzende Informationen eintragen: Die Arbeitspapiere bieten viel freien Raum für handschriftliche Eintragungen. – Um den Leser zu eigenem Arbeiten anzuregen, wird auf Vollständigkeit und Perfektionismus bewußt verzichtet.

Ein »Arbeitspapier« verlangt vom Benutzer, daß er sich beispielsweise folgende Fragen stellt:

a) Verstehe ich alle gebotenen Informationen voll und ganz?

b) Welche Informationen kann ich bejahen? Anhand dieser Frage kann der Lernstoff wiederholt und vertieft werden.

c) Welche Informationen möchte ich kritisieren oder ablehnen? Anhand dieser Frage können Widerstände gegenüber neuen, ungewohnten und unbequemen Informationen teils bewußt gemacht, teils abgebaut werden.

d) Welche Informationen fehlen, so daß ich hier ergänzen muß? Durch diese Frage soll zu eigenständigem, schöpferischem Arbeiten angeregt werden.

Man kann mit den Kapiteln dieses Lehrbuches als einzelner arbeiten. Wesentlich wirksamer ist es allerdings, wenn man diese Arbeitspapiere in Gruppen diskutiert.

3. Aufbau der einzelnen Kapitel

Die meisten Kapitel bestehen aus fünf Teilen (Lernschritten): »Lernimpuls«, »Begründung«, »Kritische Reflexion«, »Konkretion«, »Praktische Übungen«.

Der »*Lernimpuls*« bringt, in thesenhafter Kürze, neue Informationen. Aus folgenden Gründen wurde die Thesenform gewählt:

Thesen ersparen dem Lernenden einen großen Zeitaufwand und lassen sich verhältnismäßig leicht im Gedächtnis speichern; Thesen bringen Verkürzungen und provozierende Härten mit sich und fordern so zum Mitdenken und Weiterdenken auf (während lange und rundherum abgesicherte Ausführungen den Leser manchmal ermüden und ihm Eigenaktivität vorenthalten).

Im zweiten Lernschritt, der »*Begründung*«, werden die neuen Informationen des Lernimpulses begründet.

Die »*Kritische Reflexion*« bringt die nötigen Einschränkungen und Fragezeichen.

---

[4] *Simon Moser* (Hg.), Information und Kommunikation, München 1968

Innerhalb der »*Konkretion*« geht es um die Hinführung zur Praxis und um konkrete Beispiele aus der Praxis. Den »Konkretionen« kommt eine besondere Bedeutung zu: Mit ihnen soll der Schritt von der Abstraktion zur Konkretion vollzogen, die Brücke von der theoretischen Einsicht zur praktischen Tat geschlagen werden.

Die »*Praktischen Übungen*« haben das Ziel, den neuen Lernstoff einzuüben (»learning by doing«) und mit Person und Verhalten des Lernenden zu verschmelzen[5]. Durch permanentes und vielgestaltiges Üben wird der neue Lernstoff repetiert und praktiziert; der Lernende kann sein Verhalten selber kontrollieren und durch andere kontrollieren lassen, es kommt zu Rückmeldung und Rückkopplung (»Feedback«).

Die Einübung geschieht anhand von praxisnahen Beispielen und konkreten Aufgaben. Um das Üben abwechslungsreich und vielgestaltig zu machen, wird oft eine Fülle von praktischen Übungen angeboten, die einschlägige Literatur machte bislang nicht viele Angebote in dieser Richtung. Manche Übungen sind (im Sinne des selbsttätigen Unterrichts) für Einzelarbeit bestimmt, andere für die Gruppenarbeit.

Anmerkung: Alle Teile (Lernschritte) eines Kapitels bedürfen der Ergänzung (vgl. die stereotype Aufforderung zur »Ergänzung«), das gilt insbesondere für den Teil »Konkretion«. Vom Lernenden werden Eigentätigkeit und selbständige Kreativität erwartet.

4. Zum Thema »Gruppenarbeit«

Ein größerer Teil des vorliegenden Lernstoffs läßt sich im Einzelstudium durcharbeiten. Indessen ist dem Lernen in Arbeitsgruppen der Vorzug zu geben. Da sich die pädagogische Methode der Gruppenarbeit noch nicht bei allen Lernenden und Lehrenden durchgesetzt hat, seien zunächst einige ihrer Vorzüge thesenartig genannt[6].

a) Argumente für Gruppenarbeit:

Das Arbeiten in Gruppen kann

1. den Erwerb von Kenntnissen und Fähigkeiten reicher, genauer, praxisnaher und dauerhafter machen,
2. zur Freude am Lernen und Arbeiten beitragen,
3. dem Bedürfnis nach Information *und* Kommunikation entgegenkommen,
4. den Wunsch nach Eigeninitiative und schöpferischer Aktivität befriedigen,
5. das Vertrauen zu sich selbst und zu anderen stärken,

---

[5] Ausführliche Überlegungen zu dieser Form der Integration bei: *D. Tscheulin*, Ausbildung in therapeutischem Basisverhalten, Dissertation Würzburg 1972, 63 ff.
[6] ähnlich bei *Ernst Meyer,* Gruppenunterricht, Worms 1957, 27 f; vgl. auch *T. Brocher*, Gruppendynamik und Erwachsenenbildung, Braunschweig 1967; *W. Erl*, Gruppenpädagogik in der Praxis, Tübingen 1969; *F. J. Stendenbach*, Soziale Interaktion und Lernprozesse, Köln 1963

6. die Fähigkeit zum Kommunizieren auf rationaler und emotionaler Ebene verstärken,

7. lebenswichtige soziale Tugenden entwickeln, z. B. gegenseitiges Verstehen, Solidarität, Kooperation, demokratisches Verhalten, Ausgleich zwischen Temperamenten usw.

Pädagogisch fruchtbar und zeitsparend ist es, wenn Gruppenarbeit und Einzelarbeit (Alleinstudium) miteinander abwechseln. Das Lesen einzelner Kapitel und das Lösen einiger praktischer Aufgaben müssen nicht in der Gruppe stattfinden, die einzelnen Mitglieder einer Lerngruppe können das zu Hause machen. Daran muß sich aber ein intensiver Meinungsaustausch anschließen. Dazu bedarf es einer Gruppe.

b) Aufbau der Arbeitsgruppe:

Wenn eine Arbeitsgruppe aus sechs bis acht Teilnehmern besteht, ist sie überschaubar und bietet optimale Chancen für eine kritische und kreative Aussprache und für praktische Übungen. Für einzelne Aufgaben kann eine aus acht Mitgliedern bestehende Arbeitsgruppe auch in zwei Vierergruppen aufgeteilt werden. – Es ist möglich, zwei oder drei Arbeitsgruppen von jeweils acht Teilnehmern zu einer Kursgruppe zusammenzufassen.

c) Leitung der Arbeitsgruppe:

Das vorliegende Lernprogramm ist so gestaltet, daß eine Gruppe von Lernenden selbsttätig damit arbeiten kann. Der Lernprozeß wird aber erleichtert und beschleunigt, wenn ein Trainer (Supervisor) zur Verfügung steht, ein psychologisch, therapeutisch und gruppendynamisch geschulter Fachmann. Für große Lerngruppen (15–25 Teilnehmer) sollte ein Co-Trainer bereitstehen.

5. Methoden der Gruppenarbeit

Eine Lerngruppe muß sich überlegen, nach welcher Methode sie arbeiten will. Das vorliegende Lernprogramm macht dazu verschiedene Vorschläge, teils in diesem Einführungskapitel, teils in den nachfolgenden Hauptkapiteln. Für den Ablauf der Gruppenarbeit wird als Grundmodell empfohlen: Lektüre eines Kapitels – kritische und kreative Aussprache – praktische Übungen – Feedback (Austausch über den Lern- und Gruppenprozeß; genauere Informationen zum Feedback am Ende dieses Kapitels!).

a) Gruppenarbeit gemäß der »thematischen interaktionellen Methode«

Als günstig erweist sich ein Arbeiten nach der »thematischen interaktionellen Methode«, die *Ruth C. Cohn* entwickelt hat[7]. Hier kommen nämlich

---

[7] Zum Folgenden vergleiche: *Ruth C. Cohn*, Das Thema als Mittelpunkt interaktioneller Gruppen, in »Gruppenpsychotherapie und Gruppendynamik«, Band 3, Heft 2, Göttingen 1970 (Verlag Vandenhoeck und Ruprecht)

verschiedene menschliche Grundbedürfnisse zum Zug: rationale, emotionale und soziale Strebungen. Innerhalb dieser Methode kreist das gemeinsame Arbeiten um drei Beziehungspunkte: Das Es (Thema), das Ich (Individuum), das Wir (Gruppe). »Die thematische interaktionelle Gruppe versucht die Dreiheit von Ich – Wir – Es in dynamischer Balance zu halten.«

Ruth Cohn schreibt dazu (aus der Sicht des Gruppenleiters): »Wenn die Gruppe sich mit dem Thema akademisch beschäftigt, erachte ich dieses nur für so lange als konstruktiv, als ich keine Anzeichen von Interesselosigkeit in der Gruppe entdecke, nicht einzelne Teilnehmer als unbeteiligt oder gestört empfinde, und auch keine anderen generellen Gruppenzerfallsymptome auftauchen. Sonst lenke ich die Aufmerksamkeit vom Thema fort zur Person (Ich) oder zu Personen (Wir). Wenn die Gruppe sich umgekehrt nur für eine Person oder für ein Aufwallen von verschiedenen Gefühlen in der Gruppe zu interessieren scheint und sich damit in eine Therapie- oder Sensitivitätsgruppe zu verwandeln droht, schlage ich die Brücke zum Thema. In einer gut funktionierenden, erfahrenen Gruppe sind solche Direktiven weniger oft notwendig, da die Gruppe selbst sich zum Wächter der Methode fortentwickelt hat.«

Ruth Cohn stellt Regeln auf, »die zugleich die jeweilige Arbeit und das Streben nach dem Bewußtsein der Autonomie und zwischenmenschlicher Verbundenheit fördern sollen:

1. Versuche, in dieser Sitzung das zu geben und zu empfangen, was Du selbst geben und empfangen möchtest. (Diese Richtlinie schließt alle folgenden, die nur zu größerer Verdeutlichung gegeben werden, ein.)

2. Sei Dein eigener Chairman und bestimme, wann Du reden oder schweigen willst und was Du sagst.

3. Es darf nie mehr als einer auf einmal reden. Wenn mehrere Personen auf einmal sprechen wollen, muß eine Lösung für diese Situation gefunden werden.

4. Unterbrich das Gespräch, wenn Du nicht wirklich teilnehmen kannst, z. B. wenn Du gelangweilt, ärgerlich oder aus einem anderen Grund unkonzentriert bist. (Ein »Abwesender« verliert nicht nur die Möglichkeit der Selbsterfüllung in der Gruppe, sondern bedeutet auch einen Verlust für die ganze Gruppe. Wenn eine solche Störung behoben ist, wird das unterbrochene Gespräch entweder wieder aufgenommen werden oder einem momentan wichtigeren Platz machen.)

5. Sprich nicht per »man« oder »wir«, sondern per »ich«. (Ich kann nie wirklich für einen anderen sprechen. Das »man« oder »wir« in der persönlichen Rede ist fast immer ein Sich-Verstecken vor der individuellen Verantwortung.)

6. Es ist beinahe immer besser, eine persönliche Aussage zu machen, als eine Frage an andere zu stellen. (Meine Äußerung ist ein persönliches Bekenntnis, das andere Teilnehmer zu eigenen Aussagen anregt; viele Fragen sind un-

echt; sie stellen indirekte Ansprüche an den anderen und vermeiden eine persönliche Aussage.)

7. Beobachte Signale aus Deiner Körpersphäre und beachte Signale dieser Art bei den anderen Teilnehmern. (Diese Regel ist ein Gegengewicht gegen die kulturell bedingte Vernachlässigung unserer Körper- und Gefühlswahrnehmung.)«

b) Gruppenarbeit mit anschließendem Feedback

Ein unentbehrlicher Bestandteil der Gruppenarbeit ist das abschließende Feedback (Rückmeldung, Rückkopplung). Am Ende einer Arbeitssitzung oder einer Arbeitstagung ist es nötig, daß das einzelne Gruppenmitglied ausspricht, was es in der Begegnung mit dem Lernstoff und der Lerngruppe erlebt hat, wo es z. B. Gefallen und Mißfallen empfand. Das einzelne Gruppenmitglied muß auch erfahren, welche (positiven und negativen) Erfahrungen die anderen Gruppenteilnehmer machten. Durch solchen Austausch von Gedanken und Gefühlen hat die Gruppe (einschließlich Gruppenleiter) die Möglichkeit, den Lern- und Gruppenprozeß systematisch zu kontrollieren und bewußt zu gestalten; Fehlentwicklungen können korrigiert und positive Ansätze aktiviert werden, eventuell sind neue Arbeitsmethoden zu finden.

Das Feedback soll in regelmäßigen und nicht zu großen Abständen erfolgen. Es kann in Form einer freien Aussprache durchgeführt werden oder anhand einer standardisierten Einschätzungsskala, die anonym von allen Gruppenmitgliedern ausgefüllt und anschließend ausgewertet wird. Für ein exaktes Feedback empfiehlt sich die Kombination dieser zwei Methoden. Es folgen zwei Modelle von Einschätzungsbogen zum Lern- und Gruppenprozeß.

Einschätzungsskala I* zum Lern- und Gruppenprozeß

Datum:

Bitte keinen Namen angeben!

1. Wie fühlte ich mich in dieser Gruppe?
   1. Sehr unbehaglich
   2. Ziemlich unbehaglich
   3. Etwas mehr unbehaglich als wohl
   4. Weder unbehaglich noch wohl
   5. Eher wohl als unbehaglich
   6. Ziemlich wohl
   7. Sehr wohl

2. Wieweit waren die Lernziele klar?
   1. Völlig unklar
   2. Ziemlich unklar

---

* Nach T o b i a s B r o c h e r , Gruppendynamik und Erwachsenenbildung, Braunschweig 1967, 128 ff

3. Eher unklar als klar
4. Weder klar noch unklar
5. Eher klar als unklar
6. Ziemlich klar
7. Völlig klar

3. Wie arbeitete die Gruppe?
1. Faul und zufrieden
2. Ziemlich oberflächlich
3. Eher oberflächlich als tiefgehend
4. Weder oberflächlich noch tiefgehend
5. Eher tiefgehend als oberflächlich
6. Ziemlich tiefgehend
7. Begierig und hungrig — intensiv tiefgehend

4. War die Diskussion sachfremd oder sachbezogen?
1. Völlig sachfremd, theoretisch, unrealistisch
2. Ziemlich sachfremd
3. Eher sachfremd als sachbezogen
4. Sie hielt sich in der Mitte
5. Eher sachbezogen als sachfremd
6. Ziemlich sachbezogen
7. Völlig sachbezogen

5. Waren die Mitglieder darauf aus, Punkte für sich zu gewinnen, und ihre eigenen Standpunkte durchzusetzen?
1. Völlig darauf aus, Punkte für sich zu sammeln
2. Ziemlich darauf aus, . . .
3. Mehr darauf aus, Punkte zu sammeln, als die Bedeutung der Sache zu erwägen
4. Gleichermaßen darauf aus, Punkte zu sammeln, als darauf, die Bedeutung der Sache zu erwägen
5. Etwas mehr die Sache erwägend, als darauf aus, Punkte zu sammeln
6. Ziemlich darauf aus, die Bedeutung der Sache zu erwägen
7. Völlig nur an der Bedeutung der Sache orientiert

6. Wurden abweichende Ansichten genügend angehört?
1. Nein, sie blieben völlig unbeachtet, wurden nicht zugelassen, abgewiesen, bzw. beiseite geschoben
2. Blieben ziemlich unbeachtet
3. Mehr unbeachtet als verwendet
4. Weder unbeachtet noch verwendet
5. Mehr verwendet als unbeachtet
6. Ziemlich viel verwendet
7. Ja, sie wurden vollständig besprochen, untersucht, ausgewertet und in Erwägung gezogen

7. Fühlte ich mich der Mehrzahl der Teilnehmer gegenüber frei oder unfrei?
1. Nein, ich fühlte mich völlig abgekapselt, verschlossen und versteckt
2. Ziemlich eingeengt von den anderen
3. Eher eingeengt als frei
4. Weder eingeengt noch frei und äußerungsfähig

16

5. Eher frei und äußerungsfähig als eingeengt
6. Ziemlich frei und äußerungsfähig
7. Ja, ich fühlte mich ziemlich frei und äußerungsfähig, offen und meinen Gefühlen entsprechend

8. *Fühlte ich mich in der Gruppe identifiziert?*
   1. Nein, ich fühlte mich völlig negativ, in mich zurückgezogen, gelangweilt, abgewiesen, nicht angenommen, außerhalb stehend
   2. Ziemlich außerhalb
   3. Etwas mehr außerhalb als in der Gruppe
   4. Weder in noch außerhalb der Gruppe
   5. Etwas mehr in der Gruppe als außerhalb
   6. Ziemlich in der Gruppe
   7. Ja, ich fühlte mich völlig aufgenommen, selbst in der Gruppe stehend

9. *Bekam ich Hilfe, wie ich sie gebraucht hätte?*
   1. Nein, meine Bedürfnisse blieben völlig unbeachtet
   2. Ziemlich unbeachtet
   3. Mehr unbeachtet gelassen als wahrgenommen
   4. Weder unbeachtet gelassen noch wahrgenommen
   5. Mehr wahrgenommen als unbeachtet gelassen
   6. Ziemlich wahrgenommen
   7. Ja, meine Bedürfnisse wurden wahrgenommen, es wurde ihnen in völlig befriedigender Weise entsprochen

10. *Welche Mitwirkung war mir in der Gruppe möglich?*
    1. Völlig unwirksam, der Gruppe bei der Erreichung ihrer Ziele zu helfen
    2. Ziemlich unwirksam
    3. Etwas mehr unwirksam als wirkungsfähig
    4. Weder unwirksam noch mitwirkungsfähig
    5. Etwas mehr mitwirkungsfähig als unwirksam
    6. Ziemlich mitwirkungsfähig
    7. Voll mitwirkungsfähig, der Gruppe bei der Erreichung ihrer Ziele zu helfen

11. *Der Gruppenleiter war ...*
    1. Völlig inaktiv
    2. Ziemlich inaktiv
    3. Etwas mehr passiv als aktiv
    4. Weder passiv noch aktiv
    5. Etwas mehr aktiv als passiv
    6. Ziemlich aktiv
    7. Sehr aktiv

Einschätzungsskala II* zum Lern- und Gruppenprozeß

Datum:

Bitte keinen Namen angeben!

Bitte geben Sie auf den folgenden Skalen Ihre Einschätzung an, indem Sie ein Kreuz setzen:

1. Kurs enthielt Altbekanntes					Kurs enthielt viel Neues
2. Kursorganisation war klar					Kursorganisation war unklar
3. Kursleiter dominierte					Kursleiter war passiv
4. Ich fühlte mich zu selbständigem Denken und Urteilen angeregt					Ich fühlte mich passiv rezeptiv
5. Ich erlebte den Kursleiter überwiegend ruhig und sicher					Ich erlebte den Kursleiter überwiegend hastig und unsicher
6. Die vermittelten Informationen waren für mich verständlich					Die Informationen waren unverständlich
7. Ich fühlte mich vom Kursleiter blamiert					Ich fühlte mich vom Kursleiter nicht blamiert
8. Durch den Kurs hat mein Interesse zugenommen					Durch den Kurs hat mein Interesse abgenommen
9. Der Kurs hat mich überanstrengt					Der Kurs hat mich nicht überanstrengt
10. Der Kurs hat meine Erwartungen erfüllt					Der Kurs hat meine Erwartungen nicht erfüllt
11. Die Kursatmosphäre sagte mir zu					Die Kursatmosphäre sagte mir nicht zu
12. Der Kurs war hilfreich für die Verbesserung meines therapeutischen Verhaltens					Der Kurs war nicht hilfreich für die Verbesserung meines therapeutischen Verhaltens
13. Der Kursleiter verhielt sich überwiegend gesprächspsychotherapeutisch					Der Kursleiter verhielt sich überwiegend untherapeutisch
14. Therapeutisches Kursleiterverhalten erschien mir hilfreich					Therapeutisches Kursleiterverhalten erschien mir unangebracht
15. Ich erlebte das Feedback der Gruppe konstruktiv					Das Feedback der Gruppe belastete mich
16. Was erlebten Sie an diesem Kurs als besonders hilfreich?					
17. Was mißfiel Ihnen?					
18. Andere Stellungnahmen					

---

* Nach einer Skala des »Trainingskurses II in Gesprächspsychotherapie«, März 1973 in Heidelberg

18

Wichtige Verhaltensweisen des Therapeuten innerhalb der Gesprächspsychotherapie

Vorbemerkung zum Lernstoff des I. Teils

Der I. Teil des Lernprogramms bietet im 1. Kapitel eine praxisnahe Einführung in die Gesprächspsychotherapie. Die Kapitel 2 bis 6 handeln von Voraussetzungen der Gesprächstherapie und führen in einer leichtverständlichen Form zum Hauptteil hin. Dieser umfaßt die Kapitel 7 bis 12 und lehrt vor allem die vier grundlegenden Verhaltensweisen (»Variablen«) der Gesprächspsychotherapie: Unbedingtes Annehmen und Wertschätzen, Spiegelnde Methode (Verbalisierung emotionaler Erlebnisinhalte), Aktives Bemühen und Suchen, Echtheit und Selbstkongruenz. Im Mittelpunkt steht das Kapitel 8, in dem die spiegelnde Methode in Theorie und Praxis (14 praktische Übungen!) ausführlich dargestellt wird. Kapitel 12 schließt den I. Teil des Lernprogramms ab: Anhand von fünf Modellen wird gezeigt, wie das gesprächspsychotherapeutische Verhalten systematisch kontrolliert werden kann.

1. Kapitel

Einführung in die Praxis der Gesprächspsychotherapie

1. Praktische Übung

Nachstehend folgt eine praktische Übung, damit Sie einen ersten Einblick bekommen in die Probleme, die auf Sie als Berater, Sozialarbeiter, Seelsorger oder Therapeut zukommen können, und damit Sie Ihr augenblickliches therapeutisches Verhalten und Können kennenlernen.

Sie finden Äußerungen vor, die Klienten im ersten Gesprächskontakt machten. Bitte suchen Sie dazu helfende Antworten und notieren Sie diese wörtlich. Beantworten Sie die Klientenäußerung 1, ohne vorher die folgende(n) Klientenäußerung(en) zu lesen. Für Ihre Überlegungen nehmen Sie sich nur so viel Zeit, wie Sie innerhalb eines wirklichen Gesprächs haben[1].

Aus dem Gesprächsprotokoll »Ehemann«:

Klientenäußerung 1 (Ehemann, 38 Jahre, 1. Kontakt):
Meine Frau macht mir Schwierigkeiten. An sich ist es weniger meine Frau, die mir Schwierigkeiten macht, als vielmehr meine Schwiegermutter. Das ist nämlich so: Wir haben, na, vor drei Jahren gebaut. Das Haus ist etwas groß geworden, das gebe ich zu (3 Sek. Pause). Also meine Schwiegermutter (5 Sek. Pause), sie konnte die Wohnung nicht halten, in der

---

[1] Diese Übung gewinnt noch mehr Praxisnähe, wenn der Leiter der Lerngruppe die 1. Klientenäußerung vorliest; dann hat jeder Gruppenteilnehmer etwa eine Minute Zeit, um seine Antwort zu überlegen und niederzuschreiben; dann folgt die 2. Klientenäußerung, die 3. Klientenäußerung usw.

sie 19 Jahre lang lebte, sie ist jetzt im Altenheim. Na, ja, da möchte jetzt unbedingt meine Frau ihre Mutter zu uns in die Wohnung nehmen. Aber ich finde, das ist ja wirklich unmöglich (starkes Anheben der Stimme).

Therapeutenäußerung 1:

Kl. 2: *Ja, ha, ich werde ja da total überfahren. Jetzt stellen Sie sich das doch mal vor! Würden Sie gern mit Ihrer Schwiegermutter zusammen wohnen?*

Th. 2:

Kl. 3: *Nein, also ich halte es für unmöglich, die Frau ist eine richtige Klatschbase. Und (3 Sek. Pause), und die Kinder verwöhnt sie immer dermaßen (starkes Anheben der Stimme).*

Th. 3:

Kl. 4: *Ja, ich werde ja total beiseite geschoben. Und die ganze Erziehung! Das eine Kind ist 12, das andere ist 4, und eins ist 6.*

Th. 4:

Kl. 5: *Ja, ja. Und vor allen Dingen: Jetzt habe ich meine Frau endlich mal soweit geschafft, daß sie ein bißchen selbständig ist, und jetzt kommt wieder, kommt wieder ihre Mutter her, und dann ist meine Frau wieder das Kind, und dann beginnt wieder die alte Unterdrückung.*

Th. 5:

Kl. 6: *Ja, ich weiß nicht, was ich da machen soll.*

Th. 6:

Kl. 7: *Ja, völlig ratlos. Ich weiß auch nicht. Ich kann natürlich auch nicht direkt zu meiner Frau sagen: Das hat keinen Zweck. Ich möchte sie da nicht verletzen. Aber ich weiß nicht, auf welche angenehme Art und Weise ich, irgendwie, diese Schwiegermutter doch abschieben könnte. Das ist für mich wirklich ein Problem.*

Th. 7:

Kl. 8: *Ja, absolut unklar. Ich meine, zur Zeit haben wir sowieso noch finanzielle Sorgen, und da möchte ich nicht auch noch damit kommen. Aber andererseits ist es so: Die Schwiegermutter hat ihre Wohnung im Altersheim schon gekündigt. Und sie muß jetzt da raus. Andererseits, gut, wir haben zwei Zimmer frei. Aber, lieber vermiete ich an eine, an so eine Kommune, aber an die Schwiegermutter nicht.*

Th. 8:

Kl. 9: *Ja, wie ist denn das, ich weiß ja nicht: Wenn ich nicht zurechtkomme mit meiner Frau, wäre es vielleicht möglich, daß ich sie mal mit hierher bringe, daß wir es hier bei Ihnen besprechen? Sie wissen vielleicht ein paar Argumente mehr als ich.*

Th. 9:

Kl. 10: *Ja, das kann schon sein.*

Th. 10:

Kl. 11: *Also Sie meinen, ich sollte jetzt erst mal versuchen, allein mit ihr zu sprechen, und erst dann, wenn's wirklich nicht geht, zu Ihnen kommen.*

Th. 11:

Kl. 12: *Ja, ich werd's mal versuchen, gut.*

Aus dem Gesprächsprotokoll »Braut«:

Eine evangelische Mutter ist strikt dagegen, daß ihre 23jährige Tochter Betty wenige Monate nach Kennenlernen eines jungen Mannes (Henk, 28 Jahre, katholisch, einfachere Gesellschaftsschicht) zur katholischen Kirche überwechselt und diesen Mann heiratet. Aber genau das hat die Tochter, die bereits verlobt ist, im Auge. Die Mutter bittet den Gemeindepastor, in ihrem Sinne mit der Tochter zu sprechen. Die Tochter kommt freiwillig zu einem Gespräch.

Therapeutenäußerung 1:

Klientenäußerung 1: *Ja, ich hatte, ehrlich gesagt, auch schon einmal die Absicht, Sie anzurufen. Ja, es ist wohl eine schwierige Situation ... (Kurze Pause, dann plötzlich erregt.) Warum will Mutter mir auch immer alles vorschreiben? Warum darf ich nicht selbst entscheiden? Ich werde doch selbst wissen, ob ich katholisch oder etwas anderes werden will? Ich werde doch selbst wissen, wen ich heiraten will? Mutter braucht mir doch nicht alles vorzuschreiben?!*

Th. 2:

Kl. 2: *Genau. Ehrlich gesagt habe ich mir noch nie so klargemacht, daß ich sie deswegen hassen könnte. Oh, natürlich meint sie alles nur gut, aber sie hat mir in meinem Leben alles vorschreiben wollen, und nun mache ich das nicht mehr mit. Ich wähle mir meinen Mann selbst, wenn ich heiraten will, und ich schließe mich der Kirche an, die ich will.*

Th. 3:

Kl. 3: *Ja. Wissen Sie, schon vor ein paar Jahren wollte ich aus dem Hause und mir ein eigenes Zimmer mieten. Ich fühlte, daß das viel besser für mich gewesen wäre und auch für die ganze Situation zu Hause. Ich hatte das Gefühl, eigentlich nie so werden zu können, wie ich gern sein wollte, wenn ich bei meinen Eltern blieb. Jeden Tag gab es Spannungen und Reibereien. Aber denken Sie, daß meine Eltern einwilligten? Nirgendwo hast du es besser als bei deinen Eltern, sagten sie. Vor allem: Was werden die Leute sagen, wenn du dir in derselben Stadt ein Zimmer nimmst, in der auch deine Eltern wohnen? Diese Schande darfst du uns nicht antun! Aber jetzt habe ich endgültig genug davon! Ich will raus, ich will meine Freiheit!*

Th. 4:

Kl. 4: *Ja, so ist es. Wissen Sie, ich glaube bestimmt, daß Vater und Mutter mich lieb haben, aber sie begreifen mich zu wenig. Manchmal kommen Mutter und ich auch ganz gut zusammen aus ... (Sie geht nun ausführlicher auf das Verhältnis mit ihren Eltern und auf die darin gelegenen Schwierigkeiten ein. Dann geht das Gespräch wie folgt weiter:)*

Kl. 5: *(Spricht jetzt ruhiger als im vorhergehenden Teil): Ich glaube auch, daß ich viel ruhiger über meine Verlobung nachdenken könnte, wenn ich nicht mehr zu Hause wäre, und über die Frage, ob ich nun wirklich katholisch werden will.*

Th. 5:

Kl. 6: *In der Tat. Vater und Mutter sind nun auf einmal so gut evangelisch und haben so viel Kritik an der katholischen Kirche. Das kann ich nicht ausstehen. Als ob die Katholiken nicht auch gute Christen sein könnten. Ich hasse die antikatholische Haltung von Mutter ... Aber was ich selbst möchte, das weiß ich eigentlich noch gar nicht ... Ich weiß nicht ... Ich bin wenig religiös erzogen worden und wäre vermutlich von mir aus evangelisch geworden, wenn ich Henk nicht kennengelernt hätte. Ich* gehe jetzt regelmäßig mit ihm zur katholischen Kirche und nehme an einer Art Katechumenen-Unterricht teil. Vieles in der katholischen Kirche fesselt mich ... Aber ich komme mit mir selbst nicht ganz klar. Ich weiß es wirklich nicht ... Jedenfalls wünsche ich hierbei keine Einmischung seitens meiner Mutter.

Th. 6:

Kl. 7: *Ja ... und so ist es auch eigentlich mit Henk. Wenn ich manchmal etwas ruhiger darüber nachdenke, bin ich, ehrlich gesagt, auch nicht so sicher, ob wir so gut zusammenpassen. Henk sagt, er sei ganz sicher und will gern bald heiraten. Als ich mit meinen Eltern darüber sprechen wollte, waren sie sofort wütend dagegen und verweigerten mir ihre Zustimmung. Einen schrecklichen Krach hatten wir; und da dachte ich: dann sollt ihr auch merken, daß die Zeit vorbei ist, mir Vorschriften zu machen. Plötzlich ist dann alles sehr schnell gegangen — und in zwei Monaten werden wir verheiratet sein ... (Stille) Ehrlich gesagt hätte ich selbst lieber noch etwas gewartet, bis ich mehr Sicherheit gehabt hätte ... Henk hat auch so sehr gedrängt ... zu sehr, denke ich manchmal.*

Th. 7:

Kl. 8: *Ja, wissen Sie, manchmal nimmt Henk auch wenig Rücksicht auf mich. Wenn er findet, daß wir uns genug lieben und daß wir im April heiraten können, dann muß das auch geschehen. Und er will dann nicht begreifen, daß es für mich anders liegt. Das kann mich manchmal zur Raserei bringen. Habe ich denn kein Recht, es auf meine eigene Weise zu erleben?*

Th. 8:

Kl. 9: *Ja ... Manchmal denke ich: Bin ich nun verrückt, daß ich auf diese Weise von einem Käfig in den andern gehe? ... Ich will erst einmal Zeit haben, darüber nachzudenken ... (Stille) Ich werde heute abend Vater und Mutter einfach mitteilen, daß ich mir ein Zimmer nehme. Ich frage sie nicht, ich frage Henk nicht, ich teile es ihnen mit. Und dann wollen wir einmal sehen, was wird.*

Th. 9:

Nachbemerkung

Wenn Sie dieselbe Aufgabe nach Absolvierung des ganzen nachfolgenden Lernprogramms nochmals durchführen und diese Lösungsversuche mit Ihren jetzigen Lösungsansätzen vergleichen, haben Sie einigermaßen konkret vor Augen, was Sie haben lernen können (Lernkontrolle!).

Schon jetzt können Sie Ihre Antworten vergleichen mit den Lösungsversuchen, die erfahrene Therapeuten fanden. Auf diese Weise vermögen Sie herauszufinden, wo Sie im Augenblick stehen im Hinblick auf Ihre therapeutischen Möglichkeiten. Bitte lesen Sie die im Folgenden abgedruckten vollständigen Gesprächsprotokolle »Ehemann« und »Braut«, zunächst aber eine knappe theoretische Information.

2. Erstinformation über Gesprächspsychotherapie

Anhand eines »Informationsblattes zur Gesprächspsychotherapie« sowie einiger Gesprächsprotokolle wird nachfolgend in kurzer und praxisnaher

Form ein Hauptteil dessen vorgestellt, was das vorliegende Lernprogramm in seinem 1. Teil bietet[2].

Diese Unterlagen können auch benützt werden, um Klienten einen ersten informativen Einblick in die Praxis der Gesprächspsychotherapie zu geben.

Informationsblatt zur Gesprächspsychotherapie

Nachstehend wird innerhalb einer allgemeinen Erstinformation die Methode der Gesprächsführung und Therapie vorgestellt, die von *Rogers* und *Tausch* entwickelt wurde und nach wissenschaftlichen Reihenuntersuchungen äußerst hilfreich sein kann.

Was geschieht?

Der Klient (Gesprächspartner, Ratsuchende) wird vom Therapeuten:

1. aufmerksam und geduldig angehört,

2. bedingungslos angenommen und ernstgenommen (mit allen seinen schwierigen Gedanken, negativen und positiven Gefühlen usw.),

3. mit Einfühlungsvermögen verstanden in seinen Erlebnissen und Wünschen, Emotionen und Triebregungen, so daß ein freies und offenes Reden möglich wird,

4. befähigt, sich selber und seine Umwelt besser wahrzunehmen und auf diese Weise neue und produktive Lösungen zu erkennen,

5. angeregt zu einer entspannten Haltung und Angstverminderung,

6. mit der Möglichkeit konfrontiert, seine Konflikte selber zu erkennen und zu lösen,

7. auf seinem Weg begleitet mit aktivem Bemühen und verantwortungsvollem Engagement,

8. vor die Möglichkeit gestellt, zu Selbstbejahung und Selbstvertrauen, zu Selbständigkeit und Freiheit zu finden.

Was geschieht nicht?

Der Klient wird vom Therapeuten:

1. nicht nach einem allgemeinen (psychologischen oder weltanschaulichen) Schema behandelt,

2. nicht ungeduldig und kurzschlüssig bedient,

3. nicht moralisch gewertet oder gar verurteilt,

4. nicht mit Hinweisen und Ratschlägen, Forderungen und Befehlen in die Enge getrieben.

Solches Vorgehen könnte nur zu oberflächlichen und kurzfristigen Lösungen führen, darüber hinaus würden Unterdrückung und Verdrängung, Abhängigkeit und Unfreiheit entstehen.

---

[2] Weitere Lernziele sind dem Inhaltsverzeichnis zu entnehmen.

Zum Verlauf der Gesprächstherapie

Im allgemeinen sind 5–15 Gespräche nötig, um eine spürbare Besserung zu erreichen. Ein Gespräch dauert etwa 50 Minuten. In der Regel findet wöchentlich ein Kontakt statt.

Alle Gespräche werden auf Tonband aufgenommen und dann nochmals angehört (in einzelnen Fällen wird ein Kollege hinzugezogen, ohne daß er den Namen des Klienten erfährt). Auf diese Weise kann sich der Therapeut nochmals in die Aussagen des Klienten vertiefen und das eigene therapeutische Verhalten überprüfen. Nach jedem Gespräch füllt der Klient einen kurzen Stundenbegleitbogen aus und äußert darin ganz offen seine Erfahrungen innerhalb der Therapie.

Was zwischen Klient und Therapeut geschieht, wird vom Therapeuten streng vertraulich behandelt.

Die Methode der Gesprächspsychotherapie erscheint manchen Menschen neu und ungewohnt. Sofern der Klient Bedenken hat, kann er darüber jederzeit mit seinem Therapeuten sprechen.

3. Drei Gesprächsprotokolle

Gesprächsprotokoll »Ehemann«:

Klientenäußerung 1 (Ehemann, 38 Jahre, 1. Kontakt): *Meine Frau macht mir Schwierigkeiten. An sich ist es weniger meine Frau, die mir Schwierigkeiten macht, als vielmehr meine Schwiegermutter* (Therapeut: *Ja, mhm*). *Das ist nämlich so: Wir haben, na, vor drei Jahren gebaut. Das Haus ist etwas groß geworden, das gebe ich zu* (3 Sek. Pause). *Also meine Schwiegermutter* (5 Sek. Pause), *sie konnte die Wohnung nicht halten, in der sie 19 Jahre lang lebte, sie ist jetzt im Altenheim* (Th: *Ja*). *Na, ja, da möchte jetzt unbedingt meine Frau ihre Mutter zu uns in die Wohnung nehmen. Aber ich finde, das ist ja wirklich unmöglich* (starkes Anheben der Stimme).

Therapeutenäußerung 1: *Mhm, Sie haben Angst, daß Ihre Schwiegermutter zu Ihnen in die Wohnung zieht.*

Kl. 2: *Ja, ha, ich werde ja da total überfahren. Jetzt stellen Sie sich das doch mal vor! Würden Sie gern mit Ihrer Schwiegermutter zusammen wohnen?*

Th. 2: *Sie haben das Gefühl, Sie möchten lieber nicht mit Ihrer Schwiegermutter zusammen leben.*

Kl. 3: *Nein, also ich halte es für unmöglich, die Frau ist eine richtige Klatschbase. Und* (3 Sek. Pause), *und die Kinder verwöhnt sie immer dermaßen* (starkes Anheben der Stimme).

Th. 3: *Sie machen sich Sorgen um das Verhalten der Schwiegermutter zu den Kindern.*

Kl. 4: *Ja, ich werde ja total beiseite geschoben.* (Th.: *Mhm*). *Und die ganze Erziehung! Das eine Kind ist 12, das andere ist 4 und eins ist 6.*

Th. 4: *Sie befürchten, Ihre Rolle könnte sehr nebensächlich werden* (Kl.: *Ja*). *Und die Schwiegermutter könnte an Ihre Stelle treten, würde sich in Ihre Rolle hineindrängen. Und davor haben Sie Angst.*

Kl. 5: *Ja ja. Und vor allen Dingen: Jetzt habe ich meine Frau endlich mal so-*

weit geschafft, daß sie ein bißchen selbständig ist, und jetzt kommt wieder, kommt wieder ihre Mutter her, und dann ist meine Frau wieder das Kind, und dann beginnt wieder die alte Unterdrückung.

Th. 5: *Sie möchten also nicht, daß Ihre Frau wieder abhängig und unselbständig wird.*

Kl. 6: *Ja. Ich weiß nicht, was ich da machen soll.*

Th. 6: *Irgendwie sind Sie da recht ratlos.*

Kl. 7: *Ja, völlig ratlos. (Th.: Mhm.) Ich weiß auch nicht. Ich kann natürlich auch nicht direkt zu meiner Frau sagen: Das hat keinen Zweck. Ich möchte sie da nicht verletzen. Aber ich weiß nicht, auf welche angenehme Art und Weise ich, irgendwie, diese Schwiegermutter doch abschieben könnte. Das ist für mich wirklich ein Problem.*

Th. 7: *Einerseits möchten Sie Ihre Schwiegermutter unbedingt loswerden, andererseits wollen Sie Ihre Frau nicht verletzen. Das ist so verwirrend, so unklar.*

Kl. 8: *Ja, absolut unklar. Ich meine, zur Zeit haben wir sowieso noch finanzielle Sorgen, und da möchte ich nicht auch noch damit kommen. Aber andererseits ist es so: Die Schwiegermutter hat ihre Wohnung im Altersheim schon gekündigt. Und sie muß jetzt da raus. Andererseits, gut, wir haben zwei Zimmer frei. Aber, lieber vermiete ich an eine, an so eine Kommune, aber an die Schwiegermutter nicht.*

Th. 8: *Es wäre eine große Belastung für Sie, mit der Schwiegermutter zusammen zu wohnen (Kl.: Ja). Sie suchen jetzt nach einer Lösung.*

Kl. 9: *Ja, wie ist denn das, ich weiß ja nicht: Wenn ich nicht zurechtkomme mit meiner Frau, wäre es vielleicht möglich, daß ich sie mal mit hierher bringe, daß wir es hier bei Ihnen besprechen? Sie wissen vielleicht ein paar Argumente mehr als ich.*

Th. 9: *Einerseits wollen Sie mit Ihrer Frau sprechen, aber Sie befürchten, daß Sie dabei unterliegen könnten.*

Kl. 10: *Ja, das kann schon sein.*

Th. 10: *Ich frage mich, ob ich Ihre Situation so gut kenne wie Sie und Ihre Frau. Immerhin könnte ich wohl eine Atmosphäre schaffen, in der man ruhig und offen miteinander reden kann.*

Kl. 11: *Also Sie meinen, ich sollte jetzt erst mal versuchen, allein mit ihr zu sprechen, und erst dann, wenn's wirklich nicht geht, zu Ihnen kommen.*

Th. 11: *Wenn ich Sie recht verstehe, wäre Ihnen das als erster Schritt recht angenehm.*

Kl. 12: *Ja, ich werd's mal versuchen, gut.*

Gesprächsprotokoll »Braut«[3]:

Eine evangelische Mutter ist strikt dagegen, daß ihre 23jährige Tochter Betty wenige Monate nach Kennenlernen eines jungen Mannes (Henk, 28 Jahre, katholisch, einfachere Gesellschaftsschicht) zur katholischen Kirche überwechselt und diesen Mann heiratet. Aber genau das hat die Tochter, die bereits verlobt ist, im Auge. Die Mutter bittet den Gemeindepastor, in ihrem Sinne mit der Tochter zu sprechen. Die Tochter kommt freiwillig zu einem Gespräch.

Therapeutenäußerung 1: *Sie wissen, daß dieses Gespräch durch den Umstand*

---

[3] *Faber-Schoot*, Praktikum des seelsorgerlichen Gesprächs, Göttingen 1968, 192–195

veranlaßt wurde, daß Ihre Mutter bei mir gewesen ist. Offensichtlich sind Sie auch selbst bereit, mit mir über Ihre Situation zu sprechen. Vielleicht können Sie ... selbst erst einmal etwas über die Dinge erzählen, um die es geht — soweit Sie darüber reden wollen?

Klientenäußerung 1: *Ja, ich hatte, ehrlich gesagt, auch schon einmal die Absicht, Sie anzurufen. Ja, es ist wohl eine schwierige Situation ...* (Kurze Pause, dann plötzlich erregt.) *Warum will Mutter mir auch immer alles vorschreiben? Warum darf ich nicht selbst entscheiden? Ich werde doch selbst wissen, ob ich katholisch oder etwas anderes werden will? Ich werde doch selbst wissen, wen ich heiraten will? Mutter braucht mir doch nicht alles vorzuschreiben?!*

Th. 2: *Es kann Sie wütend machen, daß Ihre Mutter Ihnen nicht die Freiheit läßt, Ihren eigenen Weg zu finden.*

Kl. 2: *Genau. Ehrlich gesagt habe ich mir noch nie so klargemacht, daß ich sie deswegen hassen könnte. Oh, natürlich meint sie alles nur gut, aber sie hat mir in meinem Leben alles vorschreiben wollen, und nun mache ich das nicht mehr mit. Ich wähle mir meinen Mann selbst, wenn ich heiraten will und ich schließe mich der Kirche an, die ich will.*

Th. 3: *Sie sind jetzt fest entschlossen, selbst zu entscheiden und sich nichts mehr vorschreiben zu lassen.*

Kl. 3: *Ja. Wissen Sie, schon vor ein paar Jahren wollte ich aus dem Hause und mir ein eigenes Zimmer mieten. Ich fühlte, daß das viel besser für mich gewesen wäre und auch für die ganze Situation zu Hause. Ich hatte das Gefühl, eigentlich nie so werden zu können, wie ich gern sein wollte, wenn ich bei meinen Eltern blieb. Jeden Tag gab es Spannungen und Reibereien. Aber denken Sie, daß meine Eltern einwilligten? Nirgendwo hast du es besser als bei deinen Eltern, sagten sie. Vor allem: Was werden die Leute sagen, wenn du dir in derselben Stadt ein Zimmer nimmst, in der auch deine Eltern wohnen? Diese Schande darfst du uns nicht antun! Aber jetzt habe ich endgültig genug davon! Ich will raus, ich will meine Freiheit.*

Th. 4: *Sie empfinden es als Ihr wichtigstes Problem, daß Sie Ihr eigenes Leben führen möchten und dazu nicht die Möglichkeit haben, wenn Sie bei Ihren Eltern wohnen bleiben.*

Kl. 4: *Ja, so ist es. Wissen Sie, ich glaube bestimmt, daß Vater und Mutter mich lieb haben, aber sie begreifen mich zu wenig. Manchmal kommen Mutter und ich auch ganz gut zusammen aus ...* (Sie geht nun ausführlicher auf das Verhältnis mit ihren Eltern und auf die darin gelegenen Schwierigkeiten ein. Dann geht das Gespräch wie folgt weiter:)

Kl. 5: (Spricht jetzt ruhiger als im vorhergehenden Teil): *Ich glaube auch, daß ich viel ruhiger über meine Verlobung nachdenken könnte, wenn ich nicht mehr zu Hause wäre, und über die Frage, ob ich nun wirklich katholisch werden will.*

Th. 5: *Sie haben das Gefühl, daß Sie im Augenblick nicht die richtige Atmosphäre um sich haben, um zu einer verantwortlichen, eigenen Entscheidung kommen zu können.*

Kl. 6: *In der Tat. Vater und Mutter sind nun auf einmal so gut evangelisch und haben so viel Kritik an der katholischen Kirche. Das kann ich nicht ausstehen. Als ob die Katholiken nicht auch gute Christen sein könnten. Ich* hasse die antikatholische Haltung von Mutter ... Aber was ich selbst möchte, das weiß ich eigentlich noch gar nicht ... Ich weiß nicht ... Ich bin wenig religiös erzogen worden und wäre vermutlich von mir aus evangelisch geworden, wenn ich Henk nicht kennengelernt hätte. Ich gehe jetzt regelmäßig mit ihm zur katholischen Kirche und nehme an einer Art Katechumenen-Unterricht teil. Vieles in der katholischen Kirche fesselt mich ... Aber ich komme mit mir selbst nicht ganz klar. Ich weiß es wirklich nicht ... Jedenfalls wünsche ich hierbei keine Einmischung seitens meiner Mutter.

Th. 6: Sie finden es unmöglich, daß Ihre Eltern Ihnen hierin Vorschriften machen wollen, aber Sie haben selbst nicht das Gefühl, die Sache zu übersehen und glauben, daß Sie Ihren eigenen Weg noch entdecken müssen.

Kl. 7: Ja ... und so ist es auch eigentlich mit Henk. Wenn ich manchmal etwas ruhiger darüber nachdenke, bin ich, ehrlich gesagt, auch nicht so sicher, ob wir so gut zusammenpassen. Henk sagt, er sei ganz sicher und will gern bald heiraten. Als ich mit meinen Eltern darüber sprechen wollte, waren sie sofort wütend dagegen und verweigerten mir ihre Zustimmung. Einen schrecklichen Krach hatten wir; und da dachte ich: Dann sollt ihr auch merken, daß die Zeit vorbei ist, mir Vorschriften zu machen. Plötzlich ist dann alles sehr schnell gegangen — und in zwei Monaten werden wir verheiratet sein ... (Stille) Ehrlich gesagt hätte ich selbst lieber noch etwas gewartet, bis ich mehr Sicherheit gehabt hätte ... Henk hat auch so sehr gedrängt ... Zu sehr, denke ich manchmal.

Th. 7: Sie haben das Gefühl, daß durch die Haltung Ihrer Eltern und durch Henks Drängen sich alles zu schnell entwickelt hat und daß Sie sich selbst noch unsicher fühlen im Hinblick auf die bevorstehende Heirat.

Kl. 8: Ja, wissen Sie, manchmal nimmt Henk auch wenig Rücksicht auf mich. Wenn er findet, daß wir uns genug lieben und daß wir im April heiraten können, dann muß das auch geschehen. Und er will dann nicht begreifen, daß es für mich anders liegt. Das kann mich manchmal zur Raserei bringen. Habe ich denn kein Recht, es auf meine eigene Weise zu erleben?

Th. 8: Sie erfahren es so, daß Henk Ihnen nicht genug Freiheit läßt, hierin eine eigene Entwicklung durchzumachen, und das nehmen Sie ihm manchmal sehr übel.

Kl. 9: Ja ... Manchmal denke ich: Bin ich nun verrückt, daß ich auf diese Weise von einem Käfig in den anderen gehe? ... Ich will erst einmal Zeit haben, darüber nachzudenken ... (Stille) Ich werde heute abend Vater und Mutter einfach mitteilen, daß ich mir ein Zimmer nehme. Ich frage sie nicht, ich frage Henk nicht, ich teile es ihnen mit. Und dann wollen wir einmal sehen, was wird.

Th. 9: Sie sehen jetzt, was Sie zunächst tun wollen (Stille). Wenn Sie gern möchten, daß wir in Kürze weiter darüber reden, können Sie mich anrufen.

Gesprächsprotokoll »Student«[4]

Klientenäußerung 1 (Student, 25 Jahre, unmittelbar nach der Begrüßung): *Es geht um folgendes — eh — ich habe eine ... Lehre gemacht, habe dann das Abitur nachgeholt, und wäre jetzt oder bin jetzt im 3. Semester im Hauptfach ... und — eh — habe mich im — zu Beginn dieses Semesters entschlossen — eh — umzusatteln, den einfacheren Weg zu wählen und Studienrat für ... zu werden. Jetzt fühle ich mich aber bei dieser Entscheidung nicht wohl, habe auch mit dem Gedanken gespielt, wieder zu meinem alten Hauptfach zurückzugehen, aber damit würde ich mich auch nicht mehr wohlfühlen. Jetzt weiß ich nicht, wie ich aus dieser Klemme herauskommen soll. Einerseits mache ich mir den Vorwurf, du nimmst den Studienrat nur, einmal, weil vielleicht hinterher das schöne Leben kommt, weil das Studium leichter ist, also du nicht mehr soviel zu tun brauchst. Eh — mal sehen — sind das die Gründe dafür, daß du es machst, bist du vielleicht zu faul, um etwas anderes zu tun. Aber, daß es nur Faulheit alleine ist, das glaube ich nicht.*

Therapeutenäußerung 1: *Sie suchen nach den Gründen und fragen sich, was es bei Ihnen ist.*

Kl. 2: *Ja — denn rein vom — von — von der Anlage her müßte ich sagen, ist das Studium der ... das Gegebene für mich. Nur bin ich von der Persönlichkeit her nicht mehr bereit, so viel Energie und Kraft dareinzusetzen, um — vielleicht wollen wir es mal so sagen — ich möchte auch mal etwas leben! Denn ich habe das Gymnasium gemacht, in dieser Zeit habe ich nicht viel gehabt, in der Lehre habe ich schwer geschuftet.*

Th. 2: *Und das erscheint Ihnen fast zu schwer, noch sehr viel — lange Energie (Kl. Ja) hineinzustecken (Kl. Ja).*

Kl. 3: *Nun ist mir wohl als auch nicht wohl dabei.*

Th. 3: *Aber wenn Sie sich entscheiden, nicht mehr soviel hineinzustecken, dann ist Ihnen auch unwohl bei der Entscheidung.*

Kl. 4: *Ja, dann ist mir wieder unwohl, denn dann kommt es doch wieder so, wie es bisher war, dann — eh — reißt mich die Sache wieder plötzlich so mit, daß ich's doch wieder nach und nach wahrnehme.*

Th. 4: *Ja, von der Sache her fühlen Sie sich sehr angesprochen und befriedigt, und*

Kl. 5: *Nicht unbedingt — also diese — diese reine Wissenspaukerei, das gefällt mir nicht, also da bin ich ehrlich gestanden etwas enttäuscht, nicht? Wenn man sich mehr ableiten könnte und sowas, nicht, also — eh — da liegt vielleicht etwas, was mir nicht so ganz gefällt.*

Th. 5: *Das macht Ihnen Schwierigkeiten, und Sie hatten es sich anders vorgestellt.*

Kl. 6: *Ja, ich meine, ich war im Beruf nicht, aber — ich fühle mich im Moment überhaupt nicht wohl.*

Th. 6: *Auf einen Nenner gebracht: Sie fühlen sich absolut nicht wohl in Ihrer Haut.*

Kl. 20: (2. Kontakt): *Ja, ich hab' nun dieses Problem schon eine ganze Zeit, 2 Monate, und ich komme einfach nicht weiter.*

---

[4] *R. Tausch*, Gesprächspsychotherapie, Göttingen 1970[4], 101 f, 110, 135–137

Th. 20: *Mhm.*
Kl. 21: *Ich weiß nicht, wie ich aus diesem Kreis rauskommen soll.*
Th. 21: *Sie sehen keine Möglichkeit, daß es sich irgendwie — daß Sie eine Lösung finden?*
Kl. 22: *Nein — (kleine Pause) — ja, das hängt auch mit meiner, sagen wir mal, Gemütsverfassung oder Gemütsstimmung zusammen. Mal bin ich entschlossen, wieder zur Biologie zu gehen und zu sagen: Gebt mir wieder einen Platz, ich mach' weiter. Eine Stunde darauf denke ich: Ach nein, es ist doch besser, wenn du's nicht machst.*
Th. 22: *Sie schwanken und wechseln da in Ihrer Einstellung!?*
Kl. 23: *Ja. Stimmt! Ich schwanke hin und her.*
Kl. 40: *(3. Kontakt): Nach irgendwelchen Feiertagen kann ich mich durchaus wieder mit einem gewissen Elan in die Arbeit schmeißen, und dann komme ich auch vorwärts. Aber dienstags fängt's schon an, ich merke das schon, dann fängt es an abzuflauen, und die Arbeitslust sinkt, und Mittwoch bis Donnerstag-Mittag ist also der Tiefpunkt, und abends kann ich fast schon gar nicht mehr. Abends geht's einfach nicht mehr. Das ist ungefähr so, wenn ich das Lampenlicht anmache, dann setzt praktisch bei mir die letzte Lernfähigkeit aus. Dann döse ich nur über den Zeilen, dann lese ich zwar, ich fasse es nicht. — Ob es nun wirklich so vom rein Körperlichen her ist?*
Th. 40: *Sie zweifeln etwas, ob es dadurch bedingt ist!?*
Kl. 41: *Ja. Vielleicht kann es auch sein, daß ich mich irgendwie immer wieder verkrampfe, während andere Menschen irgendwie die Möglichkeit haben, die Unlust mehr zu entspannen.*
Th. 41: *Sie vermuten, daß Ihre Verkrampfung, Ihr Kraftverbrauch, daß es Ihnen schwerfällt, gelöst zu sein?*
Kl. 42: *Ja! Ja! Wie — das also — mehr legerer machen, ja, das stimmt. Denn, wenn ich meine Arbeit mache, mache ich sie meistens sehr schnell, da muß es fix gehen, und ich kann es also nicht haben, irgendwie zu trödeln, das gefällt mir nicht. Es darf auch keine zu lange Arbeit sein, wenn ich eine Arbeit von 3 bis 4 Stunden habe, dann muß ich so fix machen, daß ich sie vielleicht schon mit 2 oder 3 Stunden fertig habe, das macht mir dann Spaß, so schnell zu machen, aber nach der Zeit bin ich wirklich körperlich fertig, bin ich müde.*
Th. 42: *Sie wollen besonders schnell und ohne Unterbrechung arbeiten, aber hinterher fühlen Sie sich herunter und erschöpft!?*
Kl. 60: *(4. Kontakt): Aber ob ich später wirklich wissenschaftlich arbeiten könnte, schöpferisch tätig, sagen wir mal, ob ich schöpferisch tätig sein könnte, das bezweifle ich. Denn, wenn ich irgendwie mir etwas schaffe, es ist — ich brauche Anstoß, ich brauche also ein Vorbild, das ich dann aber variieren kann, aber ich brauche das Vorbild. Ganz aus dem Nichts kommt bei mir nichts.*
Th. 60: *Ohne ein Vorbild zu leben, fällt Ihnen schwer oder Sie halten es für kaum möglich?!*
Kl. 61: *Ja, also ich bin — ich brauche also irgendwie so einen Leitfaden, oder ich brauche irgendeinen Menschen, an dem ich mich orientieren kann.*
Th. 61: *Sie spüren, daß Ihre eigene Person Ihnen noch nicht diese Orientierung gibt?*

Kl. 62: *Ja, ja, ja. Um es mal ganz kraß zu sagen: Ich habe von mir nicht das Gefühl, daß ich — eh — eine Persönlichkeit bin. ... —*

Kl. 70: *Werde ich mal was im Leben und Beruf, sollte mir was gelingen, was habe ich im Endeffekt davon? Ich bekomme natürlich irgendwie Geld oder so was, und ich werde berühmt, aber was ist wirklich da für ein Gewinn da, was habe ich davon, wenn mir die Leute sagen: Das ist ein —, der hat das und das gemacht; ich meine, ich bin dann wahrscheinlich stolz, aber was ist im Endeffekt davon da? Wenn ich 65 bin, werde ich abgeschoben.*

Th. 70: *Sie fühlen, daß das keine Werte sind, für die Sie arbeiten — letztlich arbeiten oder Ziele erstreben —*

Kl. 71: *Ja, mhm. Es ist auch etwas — mir fehlt auch noch etwas — eh — der Kontakt mit anderen Menschen. Ich kann mich nicht richtig unterhalten. Das mag vielleicht auch daher kommen, daß ich zu ichbezogen bin und dann zu oft meine Sache mit in dieses Gespräch reinschiebe, nicht. Ich glaube jetzt sogar sicher, daß es der Grund dafür ist. Ich kann mich also wirklich nicht richtig unterhalten. Entweder — eh — es ist nicht schön zu sagen, aber entweder ziehe ich über irgend jemand her oder über eine Sache ziehe ich her, nicht?! Also das ist es dann auch, daß mir also, daß ich da nicht nüchtern über eine Sache reden kann. Das ist dann auch ichbezogen. Und es ist — ich meine, ich merke es auch, daß ich also kein echtes Gespräch führen kann. — 13 Sek. Pause — — Kommt allerhand raus, wenn ich so mal im Reden bin?!*

Th. 71: *Sie — verstehe ich Sie richtig, Sie sind fast etwas verwundert, daß — (Kl. Ja.) ...*

Kl. 100: (Schlußkontakt, 7. Kont., 10 Wochen nach Psychotherapiebeginn): *Ja, ich glaube, es ist soweit, daß ich mich gefangen habe und in der Gewalt habe. Das einzige, was mir noch ein bißchen Kummer macht, ist, daß es mit dem Lernen noch nicht ganz so richtig klappt. Jetzt muß ich wieder so viele Bücher lesen, dann eine Prüfung vorbereiten; aber es ist nicht mehr gar so schlimm wie früher. Das rein theoretische Lernen, der Lernprozeß an sich, das läuft an, aber das ist nicht so richtig; ich glaube, daß ich mich allmählich da in die Gewalt bekomme.*

Th. 100: *Sie fühlen, daß die Schwierigkeiten zwar noch da sind, aber Ihnen nicht so zusetzen?*

Kl. 101: *Ja. Aber ich glaube, daß ich mich im großen ganzen gefangen habe und ich jetzt in einigermaßen vernünftigem Fahrwasser schwimme und nicht mehr dieses dauernde Hin und Her und — —*

Th. 101: *Ist es so, daß Sie ruhiger geworden sind, weniger beunruhigt von Ihrem Weg?*

Kl. 102: *Ja, ja. Ich bin ruhiger geworden, und ich habe mich, sagen wir mal so, ich habe mich hineingepaßt ich habe es akzeptiert, auch finanziell.*

Th. 102: *Sie bejahen den Weg jetzt, den Sie eingeschlagen haben, meinten Sie das?*

Literaturhinweise

Die Kapitel des 1. Teils dieses Lehrbuches fußen vor allem auf folgenden Büchern und Aufsätzen, ihre Lektüre wird empfohlen:

1. *Carl R. Rogers,* Die nicht-direktive Beratung, München 1972 (Counseling and Psychotherapy, Boston 1942)

2. *Reinhard Tausch,* Gesprächspsychotherapie, Göttingen 1970⁴ (1973⁵), dort weitere Literaturhinweise!

3. *W.-R. Minsel, I. Langer*: Forschung in client-centered Gesprächspsychotherapie, in: U. Baumann, W. Schraml: Forschung in Klinischer Psychologie, Bern 1973 (Forschungsbericht mit Hinweis auf 374 Bücher und Aufsätze)

4. *R. Tausch, J. R. Roedler*: Client-centered Gesprächspsychotherapie, in: Klinische Psychologie, hg. W. J. Schraml, Bern 1970, 310–330

5. *L. J. Pongratz*: Lehrbuch der Klinischen Psychologie, Göttingen 1973, 339–371

6. *Reiner Bastine*: Einführung in die klienten-zentrierte Gesprächspsychotherapie, in: Wege zum Menschen, Beilage »Praxis der Familienberatung«, Heft 4, 1971, 481–486, Vandenhoeck und Ruprecht, Göttingen (Eine umfassende und prägnante, kurze und leicht lesbare Darstellung der Gesprächspsychotherapie).

2. Kapitel

Gefahren und Laster der Gesprächsführung

Ehe Sie die nachfolgenden Informationen lesen, überlegen Sie bitte drei Minuten lang: Was sind die größten Gefahren der Gesprächsführung? Zu welchen Fehlhaltungen neigen Sie persönlich?

1. Lernimpuls

Die Gesprächsführung (in Beratung und Seelsorge, in Schule und Familie, im Einzel- und Gruppengespräch) leidet in der Regel unter ganz konkreten Gefahren und Belastungen, für die der Gesprächsleiter verantwortlich zeichnet. Dringend nötig ist, daß sich der Gesprächsleiter dieser belastenden Verhaltensweisen bewußt wird, sie als Laster erkennt und vermeidet. Wichtige Gesichtspunkte werden konkret in Form eines »Lasterkatalogs« aufgezählt[1].

Lasterkatalog:

1. Dirigieren, d. h. Ratschläge, Mahnungen oder Befehle aussprechen, fertige Lösungen vorlegen, zu Überredung und Manipulation greifen[2].

2. Debattieren, d. h. Streitgespräche führen, rechthaberisch den eigenen Standpunkt vertreten (oft wird hier die Redewendung benützt »Ja, aber ...«).

3. Dogmatisieren, d. h. Aussagen von unanfragbarer Autorität verbreiten, »Lehrsätze« aus Theologie und Psychologie, »Lebenserfahrung« und »Volksweisheit«.

4. Diagnostizieren (in einseitiger Weise), das bedeutet hier: schnell und verallgemeinernd und endgültig eine Diagnose aussprechen, so daß der Klient seine individuelle Freiheit verliert und außerdem durch die Diagnose schockiert wird[3].

5. Interpretieren (in einseitiger Weise), das bedeutet hier: eigenwillig und subjektiv auslegen, Dinge hineintragen oder herauslesen, die nicht wirklich angesprochen sind[4].

---

[1] Der »Lasterkatalog« hat die Form von Thesen. In einzelnen schwerwiegenden Fällen werden die Thesen in »Anmerkungen« begründet.

[2] Dieses Vorgehen ist fragwürdig: a) weil dahinter oft eine kurzschlüssige Abfertigung steht, b) weil der Therapeut höchst selten einen individuell maßgeschneiderten Rat finden kann, c) weil der Klient abhängig und unselbständig wird, d) weil die Gefühle, Gedanken und Lösungsversuche des Klienten mißachtet werden, e) weil im Klienten leicht Gefühle der Angst, des Widerstands und der Wut entstehen: Er fühlt sich weder verstanden noch angenommen.

[3] Was mit Diagnostizieren genau gemeint ist und welche Gefahren dahinter lauern, wird ausführlich dargestellt im Kapitel »Wege zur Diagnose«.

[4] Ein Interpretieren kann hilfreich sein, sofern es sich der Klient aneignen kann; am fruchtbarsten ist es, wenn er die Interpretation selber findet. Die Gefahr ist groß, daß der Therapeut einseitig oder verfrüht interpretiert, daß er eine unpassende Interpretation aufpfropfen will. Der Klient fühlt sich dann nicht verstanden, autoritär behandelt, ist verärgert und zieht sich zurück.

6. Generalisieren, d. h. ein allgemeines Schema anwenden und so die Allgemeinheit gegen das Individuum ausspielen; zu unzulässigen Verallgemeinerungen greifen (z. B. Wörter benützen wie »alles«, »immer«, »nie«).

7. Bagatellisieren, d. h. ein Problem oder Gefühl des Gesprächspartners herunterspielen und als geringfügig ansprechen[5].

8. Moralisieren, d. h. negative oder positive Werturteile aussprechen[6].

9. Monologisieren, d. h. viel und langatmig reden und dabei den anderen aus den Augen verlieren.

10. Emigrieren, d. h. innerlich oder äußerlich auswandern und abschalten, abwehren, gleichgültig sein.

11. Rationalisieren, d. h. in einseitiger Weise logisch – intellektuell vorgehen und dabei die Gefühlswelt mißachten[7].

12. Projizieren, d. h. eigene Erfahrungen, Gedanken und Gefühle auf den Gesprächspartner übertragen, von subjektiven Erfahrungen auf den anderen schließen.

13. Sich identifizieren (in einseitiger Weise), d. h. in der Welt des Partners aufgehen, die nötige Distanz und die Selbstkontrolle verlieren[8].

14. Sich fixieren, d. h. sich selber auf bestimmte Rollen festlegen oder sich vom Gesprächspartner eine feste Rolle zuschieben lassen (z. B. die Rolle des allwissenden Beraters, des »Züngleins an der Waage«, der »trostreichen Mutter«).

15. Abstrahieren, d. h. abstrakt und allgemein reden, wissenschaftliche Fachsprache benützen[9].

---

[5] Die Gefahr des Bagatellisierens entsteht oft beim Trösten, Beruhigen und Ermutigen. Weil die Situation so bedrohlich aussieht (für Klient und Therapeut), möchte man sie herunterspielen. Der Klient fühlt sich nicht verstanden und von oben herab behandelt. Vgl. das Kapitel »Öffnung für Hoffnung und Mut.«

[6] Wenn negative Werturteile ausgesprochen werden, entstehen folgende Gefahren: Der Klient fühlt sich minderwertig und verurteilt. Er bekommt Schuldgefühle und Angst. Entweder zieht er sich dann zurück und verdrängt negative Empfindungen, oder aber lehnt er sich auf und greift seinerseits zu negativer Kritik (unfruchtbarer Streit!). Werden positive Werturteile ausgesprochen (Lob!), entstehen ebenfalls Gefahren: Das Fehlen von Lob kann als stillschweigende Kritik verstanden werden. Der Klient vermutet, daß auf positives Urteilen bald auch negative Wertungen folgen. Er braucht ständiges Lob und wird so abhängig. Das positive Werturteil kann als Schmeichelei oder als Manipulation verstanden und insofern abgelehnt werden.

[7] Der Klient reagiert auf Rationalisierungen leicht so: »Das weiß ich natürlich auch. Aber das ist nicht alles! Mein Therapeut versteht mich nicht ganz!« Noch größer ist die Gefahr, daß das Rationalisieren des Therapeuten den Klienten veranlaßt, selber immer mehr zu rationalisieren und sich so von seinen Gefühlen und seinem Unbewußten immer mehr abzuwenden.

[8] Vgl. das Kapitel »Distanz und Nähe«

[9] Vgl. das Kapitel »Abstraktion und Konkretion«

16. Examinieren, d. h. ausfragen, zu viel fragen, aushorchen, verhören[10].

17. Externalisieren, d. h. Randprobleme zur Sprache bringen und dem Gesprächspartner zurückspiegeln (z. B. partnerferne Probleme, Äußerlichkeiten, gefühlsferne Themen).

18. Umfunktionieren, d. h. den Partner unterbrechen und das Gespräch gegen seinen Willen in eine bestimmte Richtung lenken (z. B. durch unmotiviertes Fragen)[11].

Ergänzung:

2. Praktische Übungen

1. Soweit Ihnen die Thesen des »Lasterkatalogs« unklar und wenig begründet erscheinen, suchen Sie bitte selber nach praktischen Beispielen und Begründungen.

2. Definieren Sie bitte, welche Gefahren und Laster hinter folgenden weitverbreiteten Redensarten stehen (Sie kennen sicherlich noch andere Redensunarten!):

a) So schlimm ist doch sein Schicksal gar nicht. Andere müssen noch viel mehr ertragen.

b) Er läßt sich von jedem kleinen Schicksalsschlag aus der Fassung bringen.

c) Er jammert und schimpft viel zu viel.

d) Wenn er sich angestrengt hätte, wäre es nicht so weit gekommen.

e) Ich habe schon Schlimmeres erlebt.

f) Es wird schon wieder werden. Nach Regen kommt wieder Sonnenschein. Auf jeden Dezember folgt wieder ein Mai!

g) Wen Gott liebt, den züchtigt er.

h) Immer wenn du meinst, es geht nicht mehr, kommt von irgendwo ein Lichtlein her.

i) Lerne leiden, ohne zu klagen.

k) Sehen Sie doch nicht nur auf die Schattenseiten Ihres Lebens! Es gibt doch auch Licht und Freude, — man muß das nur entdecken.

l) Kopf hoch, wenn das Wasser bis zum Halse steht.

m) Nimm das Kreuz geduldig auf dich! Wer weiß, wozu es gut ist.

n) Nur nicht die Hoffnung aufgeben!

o) Andere Menschen sind nicht so verzagt und verbittert, sie geben den Kampf nicht so schnell auf.

p) Allen Gewalten zum Trutz sich erhalten, rufet die Arme der Götter herbei.

3. Bitte beurteilen Sie die folgenden Antworten aus dem Gespräch eines

---

[10] Das Examinieren kann vom Klienten leicht als bohrende Neugier und als Einschränkung seiner Redefreiheit verstanden werden, — er wird sich wahrscheinlich zurückziehen. Wenn der Therapeut viele Fragen stellt, nimmt beim Klienten die Selbstbefragung und Selbsterkundung (Selbstexploration) ab. Dafür erwartet er, daß der Therapeut im Anschluß an sein ausführliches Fragen auch eine ausführliche Antwort liefert, — die Eigeninitiative des Klienten kommt also nicht zum Zug. Vgl. des Kapitel »Fragen des Therapeuten an den Klienten«

[11] Ein Umfunktionieren führt zu Ablenkung und Verdrängung. Die echte Kommunikation bricht ab.

Seelsorgers danach, ob sie a) generalisierend, b) moralisierend, c) diagnostizierend, d) dogmatisierend, e) interpretierend, f) nur Äußerlichkeiten und Nebensachen verbalisierend sind. Schreiben Sie den betreffenden Buchstaben hinter die verschiedenen Antworten; entscheiden Sie sich jeweils für den Buchstaben, der am stärksten zum Zuge kommt[12].

1. Frau (69 Jahre): *Ich hoffe nicht, daß Sie mich albern finden, Herr Pfarrer, wenn ich Ihnen erzähle, was mich bedrückt*
   a) *Viele Menschen haben Angst, ihre Probleme könnten albern gefunden werden* ◯
   b) *Menschen in Ihrem Alter brauchen doch keine Angst mehr zu haben, ihre Nöte offen auszusprechen* ◯

2. *Ich komme damit nicht zurecht ... ich kann nicht darüber hinwegkommen, daß mein Bruder gestorben ist ...*
   a) *Ist dies nicht ein Zeichen dafür, wie tief Gott die Bande der Liebe in Menschenherzen legt?* ◯
   b) *Es gibt viele Menschen, die an diesem Punkt Schwierigkeiten haben* ◯
   c) *Das ist vielleicht ein Charakterzug von Ihnen, daß Sie Menschen, die eine Rolle in Ihrem Leben spielen, schwer loslassen können* ◯
   d) *Nach einem Jahr müssen wir doch versuchen, uns auch wieder anderen Dingen zuzuwenden* ◯

3. *Es ist, als ob das Leben keinen Sinn mehr hat ...*
   a) *Ob es nicht besser wäre, wenn Sie sich nicht zu viel mit der Vergangenheit beschäftigten* ◯
   b) *Gott ist ein Gott der Lebenden, nicht der Toten* ◯
   c) *Das scheint mir ein Zeichen dafür zu sein, daß Sie sich zuviel mit sich selbst beschäftigen* ◯
   d) *Solche Gedanken kommen einem oft nach einem Todesfall* ◯

4. *Wenn man nach Hause kommt, fällt die Leere immer wieder auf einen ...*
   a) *Häuser können, wenn jemand, den man geliebt hat, nicht mehr da ist, solch einen leeren Eindruck machen* ◯
   b) *Das kommt, scheint mir, weil Sie mit Ihren Gedanken zuviel bei Ihrem Bruder sind* ◯
   c) *Sie müssen versuchen, etwas tapfer zu sein* ◯

5. *Ist das Sünde, Herr Pfarrer, wenn man so etwas sagt?*
   a) *Sie haben das Gefühl, gegen sich selbst kämpfen zu müssen und haben Angst, dabei in Sünde verstrickt zu werden* ◯
   b) *Es gibt Menschen, die machen in dieser Frage einen Unterschied zwischen Eigenliebe und Sünde* ◯
   c) *Menschen, die Kummer haben wie Sie, müssen nicht zu schnell das Wort Sünde gebrauchen* ◯
   d) *Solche Fragen kommen oft bei Menschen auf, die durch großes Leid getroffen sind* ◯

4. Im folgenden[13] sind zu vier Klientenäußerungen je acht verschiedene Erwiderungen abgedruckt. Bitte beurteilen Sie jede dieser Erwiderungen mit

---

[12] Nach *Faber-Schoot*, Praktikum des seelsorgerlichen Gesprächs, 56–58
[13] Nach *Faber-Schoot*, a. a. O., 16 ff

einer der Ziffern 1–8 (Ziffer 1 = *sehr schlecht*, Ziffer 8 = sehr gut). Definieren und klassifizieren Sie die Erwiderungen anhand des »Lasterkatalogs«.

Eine Frau hat telefonisch um eine Unterredung mit ihrem Gemeindepfarrer gebeten. Sie betritt das Amtszimmer mit den Worten:

Klientin: Herr Pfarrer, ich hoffe, daß ich Sie nicht störe. Ich weiß, daß Sie viel zu tun haben!

Erwiderung 1: Ich bin in der Tat recht beschäftigt, aber nehmen Sie nur Platz.
1 2 3 4 5 6 7 8

Erwiderung 2: Sie wissen nicht recht, ob Sie mit Ihren Fragen jemand aufsuchen sollen, von dem Sie vermuten, daß er viel zu tun hat.   1 2 3 4 5 6 7 8

Erwiderung 3: Ach, so schlimm ist's auch wieder nicht!   1 2 3 4 5 6 7 8

Erwiderung 4: Wir wollen uns nicht lange bei Vorreden aufhalten. Sie haben sich telefonisch angemeldet. Wo drückt der Schuh?   1 2 3 4 5 6 7 8

Erwiderung 5: Ich habe mir diese Stunde für Sie freigehalten. Wir haben also Zeit, um ruhig miteinander zu reden.   1 2 3 4 5 6 7 8

Erwiderung 6: Ich scheine ein schlechter Pastor zu sein; ich höre diese Bemerkung jeden Tag ein oder zweimal.   1 2 3 4 5 6 7 8

Erwiderung 7: Sie wissen nicht recht, ob Sie die Zeit eines Pfarrers beanspruchen dürfen.   1 2 3 4 5 6 7 8

Erwiderung 8: Kommen Sie, setzen Sie sich erst einmal hin. Wir haben jetzt genügend Zeit, um ungestört miteinander zu sprechen.   1 2 3 4 5 6 7 8

Klientin: Ich habe da ein schwieriges Problem, ich weiß eigentlich gar nicht, wie ich es erzählen soll.

Erwiderung 1: Darf ich Sie fragen: Haben Sie vielleicht Probleme mit Ihren Kindern?   1 2 3 4 5 6 7 8

Erwiderung 2: Lassen Sie sich ruhig Zeit.   1 2 3 4 5 6 7 8

Erwiderung 3: Sie finden es schwierig, es zu sagen.   1 2 3 4 5 6 7 8

Erwiderung 4: (Der Pfarrer schweigt)   1 2 3 4 5 6 7 8

Erwiderung 5: Meiner Erfahrung nach geht es meistens von selbst, wenn man einmal im Erzählen ist. Ich würde also vorschlagen, daß Sie einfach anfangen!
1 2 3 4 5 6 7 8

Erwiderung 6: Sie wissen nicht, wie Sie anfangen sollen.   1 2 3 4 5 6 7 8

Erwiderung 7: Zu mir können Sie doch Vertrauen haben!   1 2 3 4 5 6 7 8

Erwiderung 8: Sagen Sie es in einem Satz.   1 2 3 4 5 6 7 8

Klientin: Ich habe entdeckt, daß mein Mann schon seit zwei Jahren ein Verhältnis mit seiner Sekretärin hat. Was sagen Sie dazu?

Erwiderung 1: Sie sind sehr erschrocken über diese Entdeckung.
1 2 3 4 5 6 7 8

Erwiderung 2: Na, in Ihrer Haut möchte ich jetzt nicht stecken! 1 2 3 4 5 6 7 8

Erwiderung 3: Was wollen Sie jetzt von mir hören?   1 2 3 4 5 6 7 8

Erwiderung 4: O, wie schlimm!   1 2 3 4 5 6 7 8

Erwiderung 5: Wann haben Sie denn das entdeckt?   1 2 3 4 5 6 7 8

Erwiderung 6: Sie haben das Gefühl, daß Sie vor einer Situation stehen, die fast zuviel für Sie ist.   1 2 3 4 5 6 7 8

Erwiderung 7: Ich finde das schlecht von Ihrem Mann.   1 2 3 4 5 6 7 8

Erwiderung 8: Ich kenne die näheren Beweggründe Ihres Mannes nicht, aber als Geistlicher muß ich sagen: Sein Verhalten geht gegen die Göttliche Schöpfungsordnung! 1 2 3 4 5 6 7 8

Ein Pfarrer macht einen Klinikbesuch bei einem Patienten, der an einer unheilbaren Krankheit leidet. Der Patient ahnt den Sachverhalt, ohne Genaueres zu wissen, und fragt nach der Begrüßung den Pfarrer:

Klient: *Herr Pfarrer, sagen Sie mir: Muß ich sterben?*

Antwort 1: Selbstverständlich müssen Sie sterben, wir müssen alle sterben!
1 2 3 4 5 6 7 8

Antwort 2: Und wenn es so wäre? 1 2 3 4 5 6 7 8

Antwort 3: Warum fragen Sie das? 1 2 3 4 5 6 7 8

Antwort 4: Soweit ich den Arzt verstanden habe, bleibt Ihnen nur noch wenig Zeit. 1 2 3 4 5 6 7 8

Antwort 5: Die Frage Ihres Todes beschäftigt Sie wohl sehr! 1 2 3 4 5 6 7 8

Antwort 6: Eigentlich sollte man als Christ immer auf das Sterben vorbereitet sein. 1 2 3 4 5 6 7 8

Antwort 7: Sie haben über diese Fragen in letzter Zeit viel nachgedacht.
1 2 3 4 5 6 7 8

Antwort 8: Nun machen Sie sich doch darüber keine Sorgen — denken Sie lieber ans Gesundwerden! 1 2 3 4 5 6 7 8

5. Nehmen Sie die Therapeutenäußerung zur Hand, die Sie selber anhand der Gesprächsprotokolle »Braut« und »Ehemann« gefunden und notiert haben (vgl. 1. Kapitel). Prüfen Sie anhand des »Lasterkatalogs«, inwieweit Sie Fehler machten. Zu welchen »Lastern« neigen Sie besonders häufig?

6. Lesen Sie bitte die drei vollständig dargebotenen Gesprächsprotokolle »Braut«, »Ehemann« und »Student«. Sie finden hier praktische Beispiele dafür, daß eine Gesprächsführung möglich und hilfreich ist, die auf sämtliche Elemente des »Lasterkatalogs« verzichtet (vgl. 1. Kapitel).

7. Suchen Sie zu der nachstehenden Klientenäußerung die 18 Antworttypen, die im Sinne des »Lasterkatalogs« falsch sind:

Situation: Eine geschiedene Frau, berufstätig, Alter 42 Jahre, berichtet über ihre Schwierigkeiten im Betrieb. Sie arbeitet in einer Abteilung mit vier jüngeren Kollegen zusammen. Ihr Vorgesetzter, obwohl verheiratet, unternahm deutliche Annäherungsversuche. Die Frau lehnte entschieden ab. Die Folge war ständige Nörgelei und Kritik an ihrer Arbeit. Sie erklärte gegenüber dem Therapeuten:

Wie soll ich mich diesem Mann gegenüber verhalten? Ich stehe am Rande eines Nervenzusammenbruchs.

8. Wollen Sie vor und nach den Gesprächen, die Sie in Zukunft führen, immer wieder diesen »Lasterkatalog« vornehmen und auf diese Weise sich selber kontrollieren?

9. Wollen Sie in vier Wochen einmal prüfen, wieviel Punkte des »Lasterkatalogs« Ihnen schnell einfallen? Sie haben nur das wirklich gelernt und im Ernstfall gegenwärtig, was Ihnen jederzeit und schnell einfällt.

3. Kapitel

Von Selbstwahrnehmung und Selbstkontrolle

1. Lernimpuls

Das helfende Gespräch verlangt ein hohes Maß an Selbstwahrnehmung und Selbstkontrolle. Als Berater oder Therapeut, Sozialarbeiter oder Seelsorger versuche ich, mir die äußeren und inneren Einflüsse und Gefühle, unter denen ich momentan und grundsätzlich stehe, weitmöglichst bewußt zu machen. Im Anschluß an die Bewußtmachung prüfe ich, inwieweit ich diese Einflüsse und Gefühle eindämmen oder sinnvoll integrieren kann, so daß sie das Gespräch mit dem Klienten möglichst wenig stören.
Ergänzung:

2. Begründung

Ich muß mein Hören und Sehen, mein Denken und Fühlen ganz auf den Gesprächspartner konzentrieren, auf diesen »Sender« einstellen und Nebensender und Nebengeräusche weitgehend ausschalten, weil sie mich am genauen Hinhören hindern und die Kommunikation verfälschen.

Damit ich die Situation und den Konflikt des Partners deutlich wahrnehmen kann, muß ich meine eigene (konfliktreiche oder konfliktarme) Situation bewußt sehen und verarbeiten. Auf diese Weise besteht die Möglichkeit, daß ich die eigene Situation nicht vermische mit der meines Partners, daß ich also meine Gedanken und Gefühle nicht projiziere.
Ergänzung:

3. Kritische Reflexion

Ich rechne damit, daß ich das gesteckte Ziel trotz persönlicher Anstrengung und systematischer Schulung nicht ganz erreiche, – das vorliegende Kapitel gibt nur einige Impulse, auch die nachfolgenden Kapitel können nur wenige wichtige Anstöße vermitteln; auch nach einer fachmännisch durchgeführten Selbstanalyse oder dem intensiven Engagement in einer Selbsterfahrungsgruppe bleiben Lücken in der Selbstwahrnehmung und Selbstkontrolle. Es dürfte eine lebenslange Aufgabe sein, sich selber genau wahrzunehmen und ganz anzunehmen und sich dann im Gespräch mit den Klienten zurückzunehmen.
Ergänzung:

4. Konkretion

1. Ich praktiziere eine permanente und systematische Selbstbeobachtung und Selbstwahrnehmung, Selbstkontrolle und Selbstkritik, wobei es konkret um

die Bewußtwerdung der Gefühle und Einstellungen geht, die mich prägen. Ich frage mich, »was ich nicht bin, nicht habe, nicht will, ... und was ich möchte, was ich habe und was ich bin« (Peter Handke). Diese Bewußtwerdung ist die Voraussetzung für eine positive Veränderung des therapeutischen Verhaltens.

2. Systematische Selbstkontrolle setzt voraus, daß der Therapeut regelmäßig genaue Gesprächsprotokolle (Verbatims) abfaßt oder Tonbandaufnahmen macht.

3. Selbstwahrnehmung und Selbstkontrolle (im Blick auf therapeutisches Verhalten) lassen sich so erreichen:
   a) Teilnahme an einer Selbsterfahrungsgruppe,
   b) Teilnahme an einer Fallbesprechungsgruppe (Balintgruppe),
   c) Einzelsupervision (ein als Supervisor anerkannter Therapeut analysiert gemeinsam mit dem Therapeuten dessen Gespräche),
   d) Regelmäßiger Erfahrungsaustausch mit Kollegen,
   e) Der Therapeut unterzieht sich einem lebenslangen Lernen in Theorie und Praxis: Er konfrontiert sich z. B. immer wieder mit den Informationen dieses Lehrbuchs, er liest viele andere Bücher und besucht Kurse, er überprüft ständig seine Praxis (selbstkritische Reflexion nach therapeutischen Gesprächen, selbständiges Abhören von Tonbandaufnahmen, usw.).

4. Wie es weiterhin zu Selbstwahrnehmung und Selbstkontrolle kommen kann, zeigen die nachfolgenden praktischen Übungen (sowie einige Übungen aus anderen Kapiteln dieses Buches). Diese Übungen haben nur eine klärende Wirkung, wenn sie öfters praktiziert werden.
Ergänzung:

5. Praktische Übungen

1. Zur Selbsterfahrung, Selbstwahrnehmung und Selbstkontrolle trägt es bei, wenn man häufig eine allgemeine und eine gezielte Momentaufnahme zur eigenen Person macht.

Die *»Allgemeine Momentaufnahme zur eigenen Person«* sieht so aus: Notieren Sie bitte alle Einfälle und Assoziationen (auch ganz ausgefallene Gefühle und Gedanken!), die Ihnen in den nächsten fünf Minuten kommen! Schreiben Sie Ihre Einfälle stichwortartig auf, ungeordnet und unreflektiert!

Die *»Gezielte Momentaufnahme zur eigenen Person«* richtet sich gezielt auf die Gedanken und Gefühle, die in der Begegnung mit einer Person oder mit einem bestimmten und klar umrissenen Thema entstehen. Im Rahmen dieses Buches heißt die Aufgabe: Notieren Sie bitte alle (auch ausgefallene!) Einfälle und Assoziationen, die Sie in der Begegnung mit einer Lerneinheit (einem ganzen Kapitel, einem Kapitelauszug, einer praktischen Übung) haben und Ihnen in den nächsten fünf Minuten einfallen! Schreiben Sie Ihre Einfälle stichwortartig auf in der Reihenfolge, wie sie kommen!

Zur Vertiefung dieser Übung trägt es bei, wenn sie innerhalb einer Gruppe (Lerngruppe) gemacht wird: Einzelne Gruppenmitglieder sprechen dann (wenigstens teilweise) aus, was sie wahrgenommen und aufgeschrieben haben.

Ziel dieser Übung ist es, daß man sich seiner Gedanken und vor allem seiner Gefühle deutlicher bewußt wird, ihre verwirrende Vielfalt, ihre Verästelungen und Verschränkungen einigermaßen überschauen lernt. Durch das Niederschreiben, noch mehr aber durch ein Aussprechen innerhalb einer Gruppe werden Gedanken und Gefühle genauer umrissen und greifbar, sie werden ein Stück weit objektiviert, man setzt sie aus sich heraus, dabei kann es zu Entspannung und Entlastung kommen. Insgesamt werden bei dieser Übung die Empfangsorgane für eigene und fremde Gefühle und Gedanken geschärft, es kommt zu einer Sensibilisierung, die für eine Kommunikation mit sich selber, mit einem anderen Menschen und einem Sachthema wichtig ist.

Situationen, in denen diese Übung fruchtbar eingesetzt werden kann (allein oder in der Gruppe):

a) Vor oder nach der Bearbeitung eines Kapitels aus diesem Buch,
b) Während einer Gruppensitzung (etwa wenn Spannungen auftreten),
c) Vor und/oder nach dem Gespräch mit einem Klienten (überhaupt anläßlich einer schwierigen Aufgabe oder angesichts von ambivalenten Gefühlen),
d) Am Anfang oder Ende eines (Arbeits-)Tages.

Bitte machen Sie einige Zeit lang täglich eine *»Allgemeine Momentaufnahme zur eigenen Person«* und erproben Sie auf diese Weise, was Ihnen diese Übung einbringt.

Bitte machen Sie während der Bearbeitung der folgenden Kapitel öfters eine *»Gezielte Momentaufnahme zur eigenen Person«*. Als Ausgangspunkt eignet sich die Frage: Welche positiven und negativen Erfahrungen haben Sie in der Begegnung mit dem Lernstoff?

2. Eine Variation der Übung 1 besteht darin, daß die Lerngruppe etwa fünf Minuten lang ein Musikstück (Schallplatte) anhört und dabei alle Einfälle und Empfindungen notiert, die kommen. Am besten wird abstrakte, unbekannte, fremdartige Musik verwendet, so daß recht unterschiedliche Assoziationen auftauchen können; in der Regel wird man das Musikstück zweimal hintereinander vorspielen.

3. Nachstehend finden Sie eine lange Liste[1] menschlicher Eigenschaften. Diese Liste kann Ihnen ein klein wenig helfen, daß Sie sich über sich selber und Ihr menschliches und therapeutisches Verhalten klarer werden. Ein exaktes Bild entsteht nicht, denn manches sehen Sie wahrscheinlich subjektiv und selektiv, manches ist und bleibt unbewußt, manche negative Eigenschaft wird leicht verdrängt.

---

[1] Diese Liste wurde in anderem Zusammenhang und in etwas anderer Form verwendet im »Trainingskurs II in Gesprächspsychotherapie«, Heidelberg, März 1973

Einen etwas genaueren Einblick erhalten Sie, wenn Sie diese Liste öfters ausfüllen (etwa im Abstand von je einer Woche) und dann die Ergebnisse miteinander vergleichen; Sie müssen jeweils eine noch nicht beschriebene Liste
verwenden.
Noch etwas gültiger wird das Ergebnis, wenn Sie sich anhand dieser Liste
auch von anderen Personen einschätzen lassen, wenn also zur Selbsteinschätzung die Fremdeinschätzung kommt.
Bitte beachten Sie, daß es in jedem Fall um eine gefühlsmäßige Einschätzung
geht, also nicht um eine rein rationale, beweisbare, exakte und endgültige
Sache.

Katalog menschlicher Eigenschaften

		Zutreffendes bitte ankreuzen!		
Ich fühle mich ...	nicht	wenig	ziemlich	sehr
	0	1	2	3 abgekapselt
	0	1	2	3 aktiv
	0	1	2	3 angespannt
	0	1	2	3 anlehnungsbedürftig
	0	1	2	3 ängstlich
	0	1	2	3 apathisch
	0	1	2	3 arbeitsfreudig
	0	1	2	3 aufsässig
	0	1	2	3 aufgeregt
	0	1	2	3 aufgeschlossen
	0	1	2	3 ausgeglichen
	0	1	2	3 bedrückt
	0	1	2	3 bedürftig nach Alkohol
	0	1	2	3 bedürftig nach Nikotin
	0	1	2	3 bedürftig nach Süßigkeiten
	0	1	2	3 befreit
	0	1	2	3 beharrlich
	0	1	2	3 benommen
	0	1	2	3 betriebsam
	0	1	2	3 deprimiert
	0	1	2	3 eigensinnig
	0	1	2	3 einsam
	0	1	2	3 empfindlich
	0	1	2	3 entschlossen
	0	1	2	3 entspannt
	0	1	2	3 erotisch
	0	1	2	3 erwartungsvoll
	0	1	2	3 friedfertig
	0	1	2	3 fordernd
	0	1	2	3 froh

Zutreffendes bitte ankreuzen!

Ich fühle mich . . .	nicht	wenig	ziemlich	sehr	
	0	1	2	3	gehemmt
	0	1	2	3	gehetzt
	0	1	2	3	gehorsam
	0	1	2	3	gelöst
	0	1	2	3	gereizt
	0	1	2	3	gesellig
	0	1	2	3	glücklich
	0	1	2	3	grüblerisch
	0	1	2	3	hin- und hergerissen
	0	1	2	3	impulsiv
	0	1	2	3	inkonsequent
	0	1	2	3	kontaktfreudig
	0	1	2	3	konzentriert
	0	1	2	3	kritisch
	0	1	2	3	lahm
	0	1	2	3	launisch
	0	1	2	3	leer
	0	1	2	3	locker
	0	1	2	3	lustig
	0	1	2	3	mißgelaunt
	0	1	2	3	mißtrauisch
	0	1	2	3	müde
	0	1	2	3	mürrisch
	0	1	2	3	mutig
	0	1	2	3	nachgiebig
	0	1	2	3	neidisch
	0	1	2	3	neugierig
	0	1	2	3	niedergeschlagen
	0	1	2	3	offen
	0	1	2	3	optimistisch
	0	1	2	3	passiv
	0	1	2	3	pessimistisch
	0	1	2	3	ratlos
	0	1	2	3	redselig
	0	1	2	3	ruhig
	0	1	2	3	scheu
	0	1	2	3	schlapp
	0	1	2	3	schweigsam
	0	1	2	3	schwungvoll
	0	1	2	3	sehnsüchtig
	0	1	2	3	selbstsicher
	0	1	2	3	sicher
	0	1	2	3	sinnlich
	0	1	2	3	sorglos

Zutreffendes bitte ankreuzen!

Ich fühle mich ...	nicht	wenig	ziemlich	sehr	
	0	1	2	3	spöttisch
	0	1	2	3	spritzig
	0	1	2	3	stolz
	0	1	2	3	tatkräftig
	0	1	2	3	träge
	0	1	2	3	traurig
	0	1	2	3	trübe
	0	1	2	3	unbeschwert
	0	1	2	3	unentschieden
	0	1	2	3	ungeliebt
	0	1	2	3	uninteressiert
	0	1	2	3	unkonzentriert
	0	1	2	3	unnachgiebig
	0	1	2	3	unruhig
	0	1	2	3	unsicher
	0	1	2	3	unterdrückt
	0	1	2	3	unternehmungslustig
	0	1	2	3	unwiderstehlich
	0	1	2	3	verärgert
	0	1	2	3	verführerisch
	0	1	2	3	verkrampft
	0	1	2	3	verschlossen
	0	1	2	3	verstört
	0	1	2	3	verstoßen
	0	1	2	3	verträumt
	0	1	2	3	verzweifelt
	0	1	2	3	wertlos
	0	1	2	3	wütend
	0	1	2	3	zärtlich
	0	1	2	3	zerschlagen
	0	1	2	3	zielstrebig
	0	1	2	3	zufrieden
	0	1	2	3	zurückhaltend
	0	1	2	3	zutraulich

4. Kapitel

Partnerschaftliches Verhalten und Toleranz

1. Lernimpuls

Ich verhalte mich als Sozialarbeiter oder Seelsorger, als Berater oder Therapeut partnerschaftlich und tolerant, d. h. ich setze weder mich noch meine Maßstäbe absolut (obwohl ich persönlich feste Maßstäbe haben kann). Ich praktiziere eine demokratisch-freiheitliche Haltung, d. h. ich vermeide den autoritär-dirigistischen Führungsstil ebenso wie die Haltung des »laissez faire« (»halt laufen lassen«).
Ergänzung:

2. Begründung

Die partnerschaftliche Haltung bewahrt vor besserwisserischer Selbstüberschätzung und vor übersteigertem Verantwortungsgefühl (als ob ich allein für alles verantwortlich wäre). Indem ich partnerschaftlich und tolerant bin, akzeptiere ich die Andersartigkeit des anderen und den Pluralismus unserer Zeit und Menschheit. Ich akzeptiere, daß ich für meinen Partner nur ein Partner unter anderen bin, daß er noch andere Partner und Prägungen hat (z. B. Verwandte, Freunde, bürgerliche und christliche Gemeinde, persönliche Anlagen und Lebensgeschichte).

Meine partnerschaftliche Grundeinstellung ermöglicht dem Partner eine freie und selbständige Entscheidung, eröffnet Reifung als Mensch. Eine autoritär-dirigistische Führung (Drängen und Zwängen) entmündigt, erniedrigt und depersonalisiert den Partner und hält ihn in der Abhängigkeit fest; außerdem ist die Einflußnahme nur oberflächlich und zeitlich begrenzt. Den anderen einfach sich selbst zu überlassen (»laissez faire«), bringt ihn in der Regel nicht weiter und dokumentiert Gleichgültigkeit.
Ergänzung:

3. Kritische Reflexion

Partnerschaft erreicht ihre Grenze dort, wo mein Partner in unmittelbare Gefahr gerät (die Mutter reißt ihr Kind gewaltsam vor einem heranfahrenden Auto zurück), wo er vorübergehend seine Selbständigkeit und Mündigkeit verliert (etwa wegen psychophysischer Erschöpfung) oder aufgrund einer fixierten Persönlichkeitsstruktur überhaupt keine volle Selbständigkeit erreichen kann. Man kann zwei Hauptmöglichkeiten unterscheiden:
a) Einen Schritt (oder mehrere) mitgehen und kurzfristig *begleiten* (Begleitung kann kurzfristig Führungselemente enthalten),
b) Ein Leben lang *führen*.

Tolerant sein bedeutet nicht, daß ich grenzenlos liberal und ohne feste

Maßstäbe bin und den Partner einem unumschränkten gestaltlosen Pluralismus überlasse. Toleranz muß verantwortlich sein und unterscheidet sich von der Einstellung des »laissez-faire«. –

Der Umgang mit Demokratie und Freiheit muß vom Therapeuten und von seinem Partner gelernt werden und fällt oftmals schwerer als ein autoritäres Miteinander-Umgehen. Aufgrund von Erziehung und Gewöhnung neigen oft beide zu autoritärer Haltung. Der Therapeut hat eine Tendenz zur Machtübernahme, der Klient tendiert zu der frühkindlichen Haltung, sich füttern und führen zu lassen. Pointiert läßt sich sagen: »Je öfter der Therapeut eingreift, mitredet, Erläuterungen und Informationen gibt, desto mehr fördert er zwar oberflächliche Zufriedenheit und Geborgenheit, aber auch Verantwortungslosigkeit und Abhängigkeit«[1].

Man unterscheide zwischen einer angemaßten autoritären Haltung und der Autorität, die von Sachzwängen (z. B. Information), persönlicher Ausstrahlung und humanen Normen ausgehen kann.
Ergänzung:

4. Konkretion

1. Ich stelle keine Behauptungen auf, ohne sie zu begründen und so einsichtig zu machen (Sachautorität!).

2. Ich ermutige den Partner zu Widerspruch und Kritik gegenüber meinen Aussagen und meiner Person und aktiviere so Selbstwertgefühl und Eigeninitiative. Möglich sind Sätze wie: »Sie haben Freiheit und Recht zu Kritik und Widerspruch. Sie können ganz offen sein.«

3. Ich antworte tolerant, also weder autoritär noch »scheißliberal«. Überredung und Suggestion sind zu vermeiden, überhaupt jegliches Drängen und Zwängen.

4. Ich finde gemeinsam mit dem Partner heraus, welches Maß an Partnerschaft er momentan braucht. Die vom Partner auf mich projizierte Autorität[2] ist stufenweise abzubauen, etwa mit der Überlegung: »Ihr Wunsch nach väterlicher Führung (Geborgenheit) ist verständlich, aber vielleicht gehört ein Stück Unsicherheit und Angst zum Leben?« »Die Lösung finden wir wohl am besten durch gemeinsame Anstrengung.«

5. Verbale Formulierungen, die Partnerschaft und Toleranz ausdrücken können:
»Sie können meine Antwort ganz oder teilweise oder gar nicht akzeptieren, – ich bin Ihr Partner und nicht Ihr Chef oder Diktator.«
»Ich möchte Sie nicht drängen und bitte Sie, daß Sie sich nicht zwingen lassen.«

---

[1] *D. Stollberg*, Seelsorge durch die Gruppe, 1971, S. 111 f
[2] Der Wunsch nach Führung zeigt sich oft so: »Was raten Sie mir? Was soll ich tun?«

»Ich stelle meine Ansicht neben die Ihre, dann können Sie in Freiheit wählen.«

»Meine Meinung und mein Maßstab sehen so aus ... Es gibt aber auch andere Stimmen, auf die man hören muß.«

6. Vergleiche die Kapitel zum Thema:
Gefahren und Laster der Gesprächsführung
Zuhören mit Methode
Unbedingtes Annehmen
Spiegelnde Methode
Gesprächsanfang und Gesprächsschluß
Gesprächspausen
Distanz und Nähe
Fragen des Klienten an den Therapeuten
Fragen des Therapeuten an den Klienten
Ergänzung:

5. Praktische Übungen

1. Überlegen und diskutieren Sie bitte folgende Fragen:
   a) War ich beim Lesen und Reflektieren dieses Lernimpulses partnerschaftlich und tolerant? Wo nicht?
   b) War die Lerngruppe in der letzten halben Stunde (beim Diskutieren dieses Lernimpulses) partnerschaftlich im Umgang miteinander?
   c) Wo habe ich in meinem Leben Partnerschaft und Toleranz erhalten oder gegenüber anderen praktiziert? Wo erfuhr ich ein autoritäres Geführtwerden? Welche Gefühle habe ich, wenn ich Partnerschaft (oder Autorität) erfahre (oder selbst anwende)? Welche Wirkungen stellen sich ein?

2. Spezifische praktische Übungen zum Thema Partnerschaft finden Sie im Anschluß an den nachstehenden Impuls »Die partnerzentrierte Methode«.

5. Kapitel

Partnerzentrierte Methode

1. Lernimpuls

Ich verhalte mich »client-centered«, d. h. partnerzentriert und nicht ego-zentrisch. Der Gesprächsverlauf geht von meinem Partner aus, von seinem Wissen und Vermögen, insbesondere auch von seinem Unvermögen. Ich begleite ihn hörend und sehend, verstehend und fühlend; ich verhalte mich also »non-directive« und warte, daß Direktiven vom Partner ausgehen. Partnerschaftliches Verhalten geht in der Regel aus von einer Gleichberechtigung zwischen meinem Partner und mir: Mein auf den Klienten zentriertes Verhalten ordnet sich (so weit als nötig) dem Partner unter.
Ergänzung:

2. Begründung

Die Bezeichnung »client-centered method« geht auf Carl Rogers zurück und wird von ihm besonders hervorgehoben[1]. Er wendet sich damit gegen Therapiemethoden, in denen die Eigenaktivität des Klienten wohl eine Rolle spielt, aber letztlich doch der Therapeut das Gespräch bestimmt. Gegen diese Einstellung stellt sich schon Sigmund Freud, wenn er im Blick auf den Therapeuten sagt: »Die analytische Kur soll, soweit es möglich ist, in der Entbehrung – Abstinenz – durchgehalten werden«[2].

Wenn ich mich partnerzentriert verhalte, ermögliche ich dem Partner so wertvolle Tugenden wie Selbsttätigkeit und Selbständigkeit, Selbstentfaltung und Selbstgestaltung und andere Formen der Selbsthilfe. Er wird fortschreitend unabhängig, was ihn entlastet (und auch für den Therapeuten eine Entlastung bedeutet).

Durch Zentrierung auf die Äußerungen des Partners gewinnt dieser Gelegenheit und Freiheit zum Reden und Sichöffnen, Mut zum eigenen Wesen, einen freien Raum zum individuellen Sein, Freiheit zur Identität. Die im Klienten ruhenden Kräfte entwickeln sich. »Client-centered therapy« respektiert und aktiviert die Möglichkeiten und Fähigkeiten des Klienten, seine Einzigartigkeit und seine Grenzen.
Ergänzung:

3. Kritische Reflexion

Der von Rogers ausgehende Impuls kann nicht ernst genug genommen werden, weil bei Seelsorgern, Sozialarbeitern, Erziehern und Therapeuten

---

[1] *Carl R. Rogers*: Counselig and Psychotherapy, 1942; Client – Centered Therapy, 1951; On Becoming a Person, 1961
[2] zitiert nach *D. Stollberg*, Seelsorge durch die Gruppe, Göttingen 1971, 111

trotz richtiger Einsicht und gutem Willen ein starker Hang besteht, aktiv und bestimmend in das Gespräch einzugreifen (etwa aus gesteigerter Hilfsbereitschaft, Zeitmangel, Machtwillen). Trotz dieser Gefahr einer therapeutischen Überaktivität ist zu fragen: Darf man den Ansatz von *Rogers* absolut setzen und beispielsweise erwarten, daß alle Initiative vom Klienten ausgeht (vgl. das Kapitel »Aktives Bemühen und Suchen«)?
Ergänzung:

4. Konkretion

1. Ich mache mir ständig bewußt (etwa innerhalb einer Selbsterfahrungsgruppe oder einer Fallbesprechungsgruppe), inwieweit ich partnerzentriert sein kann und wo Gefahren der Egozentrik bestehen.

2. Ich zentriere und konzentriere mich auf den Partner, seine Aussagen und Erfahrungen, sein Fühlen und Können (und Nichtkönnen). Ich halte meine Meinungen und Erfahrungen zurück, ebenso meine persönlichen Ziele und Weltanschauungen.

3. Ich beachte, daß dem Partner die klientenzentrierte Methode neu sein kann, daß er also auf den Therapeuten zentriert ist und von ihm zunächst eine mehr oder weniger starke Führung erwartet.

4. Ich vermeide die »Gefahren und Laster der Gesprächsführung« (vgl. das 2. Kapitel).

5. Ich nehme den Partner unbedingt an (vgl. Kap. 7).

6. Ich praktiziere ein methodisches Zuhören (vgl. Kap. 6).

7. Ich verwende die spiegelnde Methode (vgl. Kap. 8).

8. Ich passe mein Sprach- und Anspruchsniveau an den Partner an (vgl. Kap. 13 und 15).

9. Ich suche das Ausmaß von Distanz und Nähe zu verwirklichen, das dem Partner entspricht (vgl. Kap. 17).
Ergänzung:

5. Praktische Übungen

1. Diese Übung dient zur Sensibilisierung für partnerschaftliche und partnerzentrierte Vorgänge und ist also eine Übung zu diesem und dem vorausgehenden Kapitel.
Zweierübung: Teilnehmer 1 hat die Augen auf und führt den Teilnehmer 2, der die Augen geschlossen hält, durch den Raum (Haus, Garten, Straße). T 1 führt zuerst einige Zeit lang partnerzentriert (T 2 bestimmt das Tempo und kann sich verweigern), dann autoritär (T 2 wird schnell geführt und muß alles mitmachen), dann partnerschaftlich (T 1 und T 2 einigen sich auf das Tempo und die Bewegungen, die beiden entsprechen), dann wieder autoritär.

T 2 weiß nach Möglichkeit nicht, wer ihn führt. Während der ganzen Übung wird nicht gesprochen.

Anschließend macht T 2 diese Übung mit einem anderen Partner.

Dann führt T 2 (mit offenen Augen) und T 1 läßt sich führen (mit geschlossenen Augen).

Anregungen für die führende Person (bitte mit Fantasie weiterentwickeln): Schnell gehen, langsam gehen, stehenbleiben, im Kreis gehen, rückwärts gehen, Treppen gehen, auf Stuhl steigen und wieder herunter, kriechen, sitzen, liegen (auf Bauch, auf Rücken, auf Seite), gegen ein Hindernis (Stuhl, Wand) gehen lassen, auf Rücken nehmen und wegtragen, auf Arm nehmen und hochheben ... Dem Übungsteilnehmer verschiedene Dinge in die Hand geben (oder mit der Stirn oder den Lippen berühren lassen): Bürste, Buch, Stuhlbein, Apfel, Haare, scharfen Gegenstand, Wasser, Erde usw.

Anschließend Aussprache und Auswertung:

Was wurde bei dieser Übung erlebt: Welche Gefühle und Gedanken stellten sich beim Teilnehmer 1 ein, während er autoritär führte bzw. partnerzentriert handelte? Welche Gefühle und Gedanken stellten sich beim Teilnehmer 2 ein, während er autoritär geführt bzw. partnerzentriert begleitet wurde? – Wie erlebt es der Klient, wenn der Therapeut im Gespräch schnell und führend ist? Wie erlebt der Klient eine partnerschaftliche und partnerzentrierte Gesprächshaltung?

2. Übertragung von Übung 1 auf das Gespräch: Teilnehmer 1 verwickelt Teilnehmer 2 zuerst in ein autoritär geführtes Gespräch, dann partnerzentrierte Gesprächsführung (jeweils 5 Minuten). Anschließend Rollenwechsel: T 1 erlebt, daß ihn T 2 in ein autoritäres Gespräch zieht, dann partnerzentrierte Gesprächsführung.

Diese Übung kann in Zweiergruppen stattfinden, so daß die ganze Lerngruppe agiert. Andere Möglichkeit: Zwei Teilnehmer führen dieses Rollenspiel durch, alle anderen Teilnehmer fungieren als Beobachter.

3. Bitte überlegen und diskutieren Sie innerhalb Ihrer Lerngruppe folgende Fragen:

  a) Inwieweit konnte ich mich auf die Informationen des vorliegenden Kapitels konzentrieren? Inwieweit war ich auf mein Ich zentriert (egozentrisch)?

  b) Inwieweit spricht und arbeitet die Lerngruppe partnerzentriert?

  c) Wo ist mir in meinem Leben eine auf meine Person zentrierte Kommunikationsform begegnet? Wo konnte ich bisher partnerzentriert sein? Welche Auswirkungen stellten sich ein?

6. Kapitel

Zuhören mit Methode[1]

1. Lernimpuls

Das Gespräch beginnt, steht und fällt mit dem Zuhören. Als Berater, Erzieher, Seelsorger mache ich mich deshalb systematisch vertraut mit der Methodik des Zuhörens. Ziel ist, »ganz Ohr zu sein« (diese Formulierung ist wörtlich zu nehmen). Zuhören geschieht nicht nur mit dem Ohr, sondern auch durch Sehen und »Fühlen«. Ich begleite den Gesprächspartner hörend und sehend, verstehend und mitfühlend. Wenn ich zuhöre, so erfordert das ein Höchstmaß an Konzentration (ich nehme alles wahr, z. B. auch die Angst, die während einer Pause entsteht, oder daß etwas verschwiegen wird), Engagement und Aktivität (Mitfühlen, Mitdenken, Mitsuchen).
Ergänzung:

2. Begründung

Zuhören bedeutet:

1. Partnerschaft, d. h. Verzicht auf einen autoritär-dirigistischen Führungsstil.

2. Zentrierung auf den Gesprächspartner, d. h. Verzicht auf Egozentrik und Eigenwilligkeit.

3. Annehmen, Bejahung und Wertschätzung des anderen, d. h. Verzicht auf ganze oder teilweise Ablehnung und Verurteilung.

4. Voraussetzung für hilfreiches Rückfragen und verantwortungsvolle Stellungnahme; der Berater kann erst reden, nachdem er zuhörte; der Ratsuchende kann erst hören, nachdem er sich aus-gesprochen hat.

5. Selbständigkeit und Selbsttätigkeit für den Gesprächspartner, er gewinnt Freiheit zum Reden und Sichöffnen, freien Raum zum individuellen Sein und zur Identität.

6. Basis und Grundelement eines therapeutischen Geschehens, z. B. im Sinne der Abreaktion.

7. Erfüllung eines menschlichen Grundbedürfnisses: »Jeder wünscht sich ein Ohr, in das er jammern kann« (Portugiesisches Sprichwort).

Vgl. *Seneca*: (römischer Philosoph gest. 65 n. Chr.):
»Denn wer hört uns je in aller Welt,
ob Freund und Lehrer, Bruder, Vater, Mutter,
ob Schwester, Nachbar, Sohn,
ob Herr, ob Knecht?

---

[1] Zur Einstimmung auf den nachstehenden Lernstoff wäre es gut, Sie nähmen sich vor der Lektüre fünf Minuten Zeit, um im Sinne eines »brain storming« folgende Fragen zu bedenken: Welche Bedürfnisse bewegen meinen Gesprächspartner und mich selber zum Reden? Warum erwartet mein Gesprächspartner von mir ein geduldiges Zuhören? Warum fällt mir das schwer?

Hört der Berater uns? Die eigne Frau,
der eigne Mann, die uns am nächsten stehn? ...
Zu wem kann jemand sagen: Hier bin ich?
Sieh die Nacktheit, sieh hier
Wunden, geheimes Leid, Enttäuschung,
Zagen, Schmerz, unsagbar'n Kummer,
Angst, Verlassenheit!
Hör einen Tag mich, eine Stunde bloß,
nur einen Augenblick, auf daß ich
nicht vergeh im Grauen wilder Einsamkeit!
O Gott, ist niemand da,
der mich hört: ...«

Ergänzung:

3. Kritische Reflexion

Das Zuhören fällt nach langer Schulung und Übung immer noch schwer.
Es gibt eine Untersuchung, wonach es nur wenige Psychotherapeuten fertig
bringen, weniger als 40 Prozent des Gesprächs zu bestreiten. Deshalb empfiehlt sich als Leitsatz: Nicht reden, sondern zuhören!

Obwohl dieser Grundsatz in seiner Bedeutsamkeit für das therapeutische
Gespräch nie vergessen werden darf, sollte er nicht absolut gesetzt werden.
Die dialektische Spannung ist durchzuhalten, daß der Therapeut unter ge-
wissen Umständen zu reden hat. Das kann in der Praxis so aussehen:

Als Therapeut (Sozialarbeiter, Seelsorger) rede ich nur,

1. wenn der Partner sich ausgesprochen hat und nun zuhören will,

2. wenn mein Reden aus dem Zuhören herauswächst und zu neuem Zuhören
führt,

3. wenn mein Beitrag unentbehrlich und hilfreich ist (wenn der Gesprächspartner z. B. alleine gar nicht mehr weiterkommt),

4. wenn ich das Gespräch strukturieren muß,

5. wenn ich eine Aussage des Partners verstärken sollte (z. B. den Ansatz zu
Aktivität oder Aggression, den ein depressiver Gesprächspartner plötzlich
erwähnt),

6. wenn ich überprüfen muß, ob ich den Partner recht verstanden habe oder
ihn noch besser verstehen muß,

7. wenn der Partner präzise Fragen stellt und nicht selber Antworten finden
kann,

8. wenn ich Aufmerksamkeit, Engagement, Bejahung und Wertschätzung
dokumentieren muß,

9. wenn ich verbalisieren muß, was der Partner nicht verbalisieren kann,

10. wenn der Partner sich gar nicht äußern kann (er findet den Einstieg ins
Gespräch nicht oder ist durch eine Gesprächspause stärkstens blockiert).

Ergänzung:

4. Konkretion

1. Ehe ich ein Gespräch führe, versuche ich, mir die äußeren und inneren Einflüsse und Gefühle, unter denen ich momentan und grundsätzlich stehe, weitmöglichst bewußt zu machen. Ich möchte mein Hören und Sehen, mein Denken, Fühlen und Glauben ganz auf den Gesprächspartner konzentrieren, auf den einen Sender einstellen und Nebensender und Nebengeräusche ausschalten, weil sie mich am genauen und vorurteilslosen Hinhören und Hinschauen hindern. Ich prüfe, inwieweit ich diese meine persönlichen Einflüsse und Gefühle eindämmen, ausschalten oder aber sinnvoll integrieren kann. Das kann u. a. dadurch geschehen, daß ich wahllos auf ein Papier aufschreibe, was mir gerade einfällt.

2. Ich sorge vor und während des Gesprächs für ein Höchstmaß an äußerer und innerer Ruhe.

3. Ich zentriere und konzentriere mich auf den Gesprächspartner, auf seine Aussagen und Erfahrungen, Wünsche und Gefühle, auf sein Vermögen u n d Unvermögen.

4. Aufmerksames und ernsthaftes Zuhören kann sich verbal (»ja«, »hm«) oder averbal äußern (Kopfnicken, Kopfhaltung, Sitzhaltung, Mimik, Handbewegungen usw.).

5. Ich höre nicht nur auf den Wortlaut, sondern auch auf Wortwahl, Tonfall, Stimmlage, Sprechtempo, Sprechpausen, Bruchstellen im Gesprächsverlauf usw.

6. Ich stütze mich nicht nur auf das Hören, sondern auch auf das Sehen und beachte also Mimik, Gestik, Körperbau usw. des Partners.

7. Ich achte nicht nur auf die logischen Aussagen des Gesprächspartners, sondern versuche zu erfassen, was der andere (noch) nicht verbalisieren kann, z. B. starke Gefühle, negative Emotionen (Vorsicht vor subjektiven Unterschiebungen!).

8. Ich beachte Stichwörter, Reizwörter, Schlüsselsätze, Hauptfragen, aber auch Bruchstellen und Pausen. Gibt es einen »roten Faden«, ein bestimmtes Gefälle?

9. Wenn irgend möglich, notiere ich wichtige Gesprächspunkte; der Partner muß damit einverstanden sein und darf nicht durch auffälliges Mitschreiben irritiert werden.

10. Ich höre zu mit einer »gleichmäßig schwebenden Aufmerksamkeit« (*S. Freud*), vermeide also ein zeitweises Abschalten sowie ein innerliches Abschweifen zu anderen Themen; ich beschäftige mich nicht mit einem bestimmten Gesprächsthema (das mir wichtig oder schwierig erscheint), während der Partner schon von anderen Themen spricht.

11. Ich lasse den Partner ausreden und fahre ihm nicht ins Wort mit Meinungsäußerungen, voreiligen Interpretationen und Zwischenfragen; ich habe Zeit und Geduld.

12. Legt der Partner eine Pause ein, so wird sie »durchgestanden«. Ich suche nicht krampfhaft nach überbrückenden Worten oder fülle die Pause kurzentschlossen mit dem, »was ich schon lange sagen oder fragen wollte«.

13. Ich stelle nur notwendige weiterführende Fragen; die Fragen müssen aus dem Gespräch herauswachsen und dürfen nicht hineingetragen werden.

14. Wenn der Gesprächspartner Fragen stellt, höre ich zunächst darauf, welche Antworten er selber finden kann; ich kann zu ihm sagen: »Sie haben sich sicherlich schon selber Gedanken gemacht.«

15. Ich achte sorgsam auf Verlockungen zu eigenem, langatmigem Reden (Erzählungen aus meinem Leben und Erfahrungsbereich, Schilderung eines »ähnlichen Falles«, Überredungsversuche, Dogmatisieren, Interpretieren usw.).

16. Ich suche Gelegenheiten zur Selbsterfahrung. Wie erlebe ich es, wenn mir jemand in gekonnter Weise zuhört? Wie reagiere ich auf schlechte Zuhörer?

17. Ich praktiziere die sogenannte »spiegelnde Methode« (nach *Rogers* und *Tausch*).

18. Sofern ich rede, wächst es aus dem Zuhören heraus (ist also reaktiv) und soll in neues Zuhören einmünden, also dem Partner ein neues Reden ermöglichen.

19. Ich mache mir fortwährend bewußt, unter welchen Umständen (es sind nur wenige!) es sinnvoll ist, vom Zuhören zum Reden überzuwechseln (siehe: »Kritische Reflexion«).

20. Nach jedem Gespräch lege ich Rechenschaft ab, inwieweit das Zuhören gelungen ist (Anfertigung eines Gesprächsprotokolls; Vergleich des Gesprächs mit den vorliegenden Ausführungen zur Methodik des Zuhörens). Nur solche permanente Weiterbildung führt zu Verhaltensänderung.

21. »Findest Du einen Menschen,
      der ruhig ist,
      ohne Affektation,
      der mit Gegenwart des Geistes,
      mit wahrer Teilnehmung,
      mit stillem Bedürfnis hören kann,
      der Dich nicht leicht unterbricht,
      der nicht zwei Fragen auf einmal tut,
      die Antwort auf *eine* gelassen abwartet und ganz auffaßt,
      der nicht vorwärts, nicht zurückgreift,
      dessen Blick Dich nicht geflissentlich fixiert und niederschlägt,
      dessen Blick dem Deinigen nicht geflissentlich ausweicht,
      der nicht in die Höhe und nicht in die Tiefe zielt,
      der in dem selben Grade unnachlässig und unangespannt ist,
      so denke, einen Schatz im Acker,
      eine Perle gefunden zu haben.«
      (*Lavater*, 1741–1801)

5. Praktische Übung[2]

Setzen Sie sich mit zwei anderen Personen zusammen. Sie vertreten als Gesprächsteilnehmer Nr. 1 die Meinung, daß in dieser Gruppe (und bei anderen Zusammenkünften und Sitzungen) geraucht werden darf. Der zweite Gesprächsteilnehmer macht sich für die entgegengesetzte Meinung stark. Ehe er jedoch seine Meinung sagt, wiederholt er ganz genau, was der Vorredner sagte. Dann kommt wieder Gesprächsteilnehmer Nr. 1 an die Reihe: Auch er muß zunächst die Aussagen des Vorredners wiederholen, ehe er mit seinen eigenen Argumenten kommt. In diesem Sinne wird der Dialog fünf Minuten lang geführt. Gesprächsteilnehmer Nr. 3 ist Beobachter und notiert wichtige Beobachtungen.

Diese Übung findet insgesamt dreimal statt, so daß jeder Teilnehmer einmal die Rolle des Beobachters innehat.

Thema der 2. Gesprächsrunde: Für und wider die Ehescheidung.

Thema der 3. Gesprächsrunde: Für und wider den Schwangerschaftsabbruch.

Im Anschluß an diese drei kurzen Gesprächsrunden findet eine Aussprache statt, in der die Erfahrungen ausgewertet werden.

Nach (!) dieser Aussprache können Sie Ihre Ergebnisse vergleichen mit folgenden Thesen:

a) Exaktes Zuhören und Wiederholen des Gehörten fallen schwer – besonders dann, wenn ich eine andere Meinung habe als mein Gesprächspartner.

b) Wenn meine Aussage wiederholt wird, kann ich überprüfen, ob und inwieweit ich verstanden werde – das ergibt ein angenehmes Gefühl der Sicherheit.

c) Es fällt schwer, alle Aussagen des Partners zu wiederholen und also nicht etwas unter den Tisch fallen zu lassen, was mir nebensächlich oder unangenehm erscheint.

d) Es fällt schwer, auf das einzugehen, was der andere sagt: Lieber würde ich einfach meine Argumente nacheinander aufzählen.

e) Wenn ich dem anderen genau zuhöre und ihn wiederhole, tritt mein Temperament etwas in den Hintergrund: Ich antworte behutsamer.

f) Obwohl ich das Gehörte genau wiederholen möchte, können sich verfälschende Interpretationen einschleichen.

g) Leicht bleibe ich an einzelnen Aussagen des Partners hängen und entwickle dazu meine eigenen Gedanken: In der Zwischenzeit sagt der Partner andere Dinge, die ich nicht mehr genau wahrnehmen und behalten kann.

---

[2] Diese Übung geht auf einen Aufsatz von *Carl Rogers* zurück: Kommunikation, Blockierung und explorationsförderndes Verhalten, 1951

7. Kapitel
Unbedingtes Annehmen und Wertschätzen

1. Lernimpuls

Als Berater oder Seelsorger, Sozialarbeiter oder Therapeut nehme ich den Gesprächspartner unbedingt an, d. h. ich bringe ihm eine grundsätzliche Bejahung und »positive Wertschätzung«[1] entgegen, habe Achtung und Ehrfurcht vor seiner Gesamtperson. Mit diesen Bezeichnungen wird der strapazierte Begriff »Liebe« umschrieben und zugleich konkretisiert und spezifiziert. Gleich welche Aussage der Partner macht, er wird akzeptiert. Was immer ich sage oder schreibe, hat als Voraussetzung und Ziel die liebevolle Wertschätzung des Partners. Entscheidend ist, daß ich mich mit »emotionaler Wärme«[2] äußere und also nicht unfreundlich, unbeteiligt und gefühlskalt wirke.
Ergänzung:

2. Begründung

1. Zu den Grundbedürfnissen des Menschen gehört, daß er ein hohes Maß an Anerkennung, Bejahung und Wertschätzung empfängt. Das erscheint so wichtig wie die Luft zum Atmen.

2. Wenn ich den Partner annehme und wertschätze, liegt es nahe (im Sinne des Imitationslernens), daß er sich selber auch akzeptiert und achtet, daß er schließlich auch anderen Menschen und mir als seinem Therapeuten Bejahung und Wertschätzung entgegenbringt[3].

3. Eine Reihe wissenschaftlicher Untersuchungen bestätigt, daß bedingungslose Wertschätzung und Wärme beim Gesprächspartner zu konstruktiven Veränderungen führen[4]. *Rogers* beschreibt das so[5]:

»Die positiven Gefühle werden ebenso als Teil der Persönlichkeit akzeptiert wie die negativen. Dieses Akzeptieren sowohl der reifen wie der unreifen Impulse, der aggressiven wie der sozialen Einstellungen, der Schuldgefühle wie der positiven Äußerungen bietet dem Individuum ... Gelegenheit, sich so zu verstehen, wie es ist. Es hat nicht mehr das Bedürfnis, seine negativen Gefühle zu verteidigen. Es hat keine Gelegenheit, seine positiven Gefühle überzubewerten. Und in dieser Situation treten Einsicht und Selbstverstehen spontan zutage. Wer selbst nie diese Entwicklung von Einsicht beobachtet hat, wird schwerlich glauben, daß Individuen sich selbst und ihre Strukturen so wirkungsvoll erkennen können.«

»Wenn die negativen Gefühle des Individuums erschöpfend ausgedrückt worden sind, folgt ihnen schwach und zögernd der Ausdruck der positiven Impulse, die das

---

[1] vgl. *Tausch*, Gesprächspsychotherapie, Göttingen 1970[4], 112–125, 237–241, 248–250.
[2] *Tausch*, a. a. O.
[3] vgl. *Tausch*, 119 f, 268
[4] vgl. *Tausch*, 121 f
[5] C. *Rogers*, Die nicht-direktive Beratung, München 1972, 46, 45

Wachsen fördern ... Je heftiger und tiefer die negativen Gefühle ausgedrückt wurden (vorausgesetzt, sie wurden akzeptiert und erkannt), desto sicherer folgt der Ausdruck positiver Gefühle, der Liebe, der sozialen Impulse, des grundlegenden Selbstrespekts und des Verlangens nach Reife.«

4. Die bedingungslose Wertschätzung und »warme Anteilnahme (Annahme) des Beraters ... erlaubt ... dem Ratsuchenden äußerste Ausdrucksmöglichkeiten für seine Gefühle, Haltungen und Probleme. In dieser einzigartigen Erfahrung völliger emotionaler Freiheit in einem gut abgegrenzten Rahmen vermag der Klient seine Impulse und Vorstellungen positiv und negativ so frei zu erkennen und zu verstehen wie in keiner anderen Beziehung«[6].

5. Annahme und Wertschätzung des Partners schaffen (im Sinne der sog. Gegenkonditionierung) eine Atmosphäre, in der Angst und Spannung und die daraus resultierenden Aggressionen oder Fluchtgedanken abgebaut werden. Angesichts der Bejahung durch den Therapeuten können sich Selbstverneinung und Selbstverachtung des Klienten auf die Dauer nicht halten, ebenso wenig seine Angst. Infolgedessen kann er zu sich selber finden, sich auf seine Selbstexploration einlassen. Wenn ich den Partner nicht oder wenig bejahe und liebe, verspürt er Ablehnung und Druck, fühlt er sich eingeengt und verunsichert und entwickelt demzufolge Angstgefühle, Verteidigungshaltungen, Fluchtgedanken, Verdrängung und andere Abwehrmechanismen. Damit sind Kontakte und Vertrauen zwischen dem Partner und mir in Frage gestellt: Weder unsere Beziehungen noch der Partner selber können weiterwachsen.

6. Daß jeder Mensch Anspruch auf Angenommensein und Wertschätzung hat, läßt sich philosophisch, psychologisch und theologisch begründen. Stichwortartig seien folgende Argumente genannt: Recht auf Freiheit, Individualität und Andersartigkeit; Recht auf Selbständigkeit und Selbstbestimmung; Recht auf eigene Erfahrungen und Fehler; Erkenntnis, daß jeder Mensch ein Stück weit Rätsel und Geheimnis bleibt; Überzeugung, daß Christus jeden Menschen ohne Vorbedingung annimmt und liebt (vgl. das Vorbild des Jesus von Nazareth).

7. »Emotionale Wärme« ist nötig, weil es dem Partner wenig nützt, wenn er Bejahung und Wertschätzung lediglich über die verbale und rationale Brücke erfährt. Der Partner muß emotional angesprochen und überzeugt werden, eine kalte und harte Sachlichkeit ohne den Faktor »Liebe« stößt ab.
Ergänzung:

3. Kritische Reflexion

Kann jeder Mensch mit seinem Tun und Lassen angenommen und geachtet werden, ohne Vorbehalt und Vorbedingung? Unbedingtes Annehmen und

---

[6] *Rogers* in »Counseling and Psychotherapy«, Boston 1942, 113, zitiert nach *Faber-Schoot*, »Praktikum des seelsorgerlichen Gesprächs«, Gött. 1968, 28

Wertschätzen sind nicht zu verwechseln mit Zustimmung (direkter Beifall wirkt ebenso fragwürdig wie Ablehnung!), sondern verstehen und würdigen das Verhalten des Partners in seiner Bedeutung für ihn selber. Sinn und Zweck des Akzeptierens ist nicht, »ein Urteil auszusprechen, sondern die grundlegenden Einstellungen des Klienten zu erhellen und bewußt zu machen«[7].
Ergänzung:

4. Konkretion

1. Ich achte und akzeptiere die Gedanken und Gefühle, Erlebnisse und Wünsche des Partners, indem ich die spiegelnde Methode praktiziere (vgl. nächstes Kapitel).

2. Positive Wertschätzung und emotionale Wärme kann ich auch averbal äußern durch Gesten der Aufmerksamkeit und Zuwendung (Kopfhaltung, Mimik, Körperhaltung, Handbewegungen usw.).

3. Ich achte (entgegen einer einseitig kritischen Haltung) auf die guten und starken Seiten des Partners und setze alles daran, um diese Seiten durch Spiegeln zu bestätigen und zu verstärken.

4. Ich habe eine tiefe Achtung vor dem individuellen Sosein des Partners, vor seinem persönlichen Lebensweg, seiner Freiheit und seiner Gebundenheit, vor dem »Wunder der Andersartigkeit« (Martin Buber). Ich respektiere auch seine Rückschritte und Umwege, seine Niedergeschlagenheiten, die Ablehnung gegenüber mir, usw.

5. Ich mache mir während und nach dem Gespräch bewußt, inwieweit ich den Partner bedingungslos ernst nehme und annehme. Wo das nicht gelingt, überlege ich mir, welche Ursache das hat. Oft liegt die Ursache in meiner Person, in meiner Vergangenheit.

6. Sofern ich eine Verhaltensweise des Partners schwer akzeptieren kann, frage ich mich, warum er so geworden ist, ob er unter den vorliegenden Umständen und Schicksalsschlägen anders sein könnte.

7. Ich achte nicht nur auf das, was der Partner war und ist, sondern auch auf das, was er werden kann, daß er (teilweise) die Chance hat, sich zu ändern.

8. Ich erinnere mich, wie gut und befreiend es auf mich wirkte, wenn ich mit meinen Stärken und Schwächen akzeptiert wurde (von Freunden, Familienangehörigen, Gott), wenn ich mich also heute ein Stück weit so annehmen kann, wie ich bin. Ich frage mich dann, ob ich unter diesen Umständen auch den Partner so achten und annehmen kann, wie er ist. Sofern mir das Neue Testament etwas bedeutet, kann ich mich an Römer 15,7 erinnern: »Nehmet einander an, gleich wie Christus euch angenommen hat.«

9. Ich versuche, Verbindungslinien zu entdecken zwischen der Aufforderung, die *Rogers* und *Tausch* mir stellen, und der Aufforderung, die etwa in 1. Ko-

---

[7] *Rogers* zitiert nach *Faber-Schoot*, a. a. O., 31

rinther 13 steht: Die Liebe ist langmütig, eifert nicht, blähet sich nicht, läßt sich nicht erbittern, verträgt alles, glaubt alles, hofft alles, duldet alles.

10. Ich biete dem Partner einen anderen Gesprächspartner an, falls ich ihm gegenüber keine Wertschätzung und Wärme entwickeln kann. Auf jeden Fall hüte ich mich vor Phrasen und Falschspiel.

11. Ich überprüfe regelmäßig mein Verhalten im Gespräch und im Umgang mit anderen Menschen anhand nachfolgender Einschätzungsskala[8]. Diese Skala faßt die wichtigsten Gesichtspunkte des Annehmens und Wertschätzens zusammen. Für die volle Bejahung eines Gesichtspunktes gibt es fünf Punkte, für eingeschränkte Bejahung weniger Punkte, für Verneinung keinen Punkt. Optimale Punktzahl ist also 50.

Einschätzungsskala[9]:

1. Ich achte und schätze alle Gedanken und Gefühle des Partners, indem ich sie soweit als nötig spiegele (vgl. Kapitel »Die spiegelnde Methode«).

2. Ich belasse (mit gutem Gewissen) dem Partner seine Freiheit und Einmaligkeit, auch seine Gebundenheit und Begrenztheit (vgl. die Kapitel »Partnerschaftliches Verhalten und Toleranz«, »Öffnung für Hoffnung und Mut«).

3. Ich verzichte auf Ratschläge.

4. Ich verzichte auf (negative und positive) Werturteile.

5. Ich verknüpfe meine positive Grundhaltung und Wertschätzung nicht mit Bedingungen und Einschränkungen.

6. Ich verhalte mich auf den Partner zentriert und halte mich also selber zurück (vgl. Kapitel »Partnerzentrierte Methode«).

7. Ich höre zu mit vollem Interesse und innerem Engagement (vgl. Kapitel »Methodisches Zuhören«).

8. Ich empfinde Wertschätzung und Wärme gegenüber dem Partner:
ob er zufrieden ist oder unzufrieden,
ob er mir vertraut oder mich ablehnt,
ob er mir angenehme oder unangenehme Dinge berichtet,
ob sein Reden und Tun »gut« oder »schlecht« ist.

9. Ich spreche freundlich und mit emotionaler Wärme.

10. Ich bin in allen meinen Äußerungen echt und mit mir selber identisch (vgl. Kapitel »Echtheit und Selbstkongruenz«).
Ergänzung:

---

[8] Eine teilweise andere Einschätzungsskala bietet *Tausch*, Gesprächspsychotherapie, 1970[4], 115–118 (nach *Ch. B. Truax*).

[9] Sofern ich mein Gesprächsverhalten anhand dieser Skala öfters überprüfe und durch Kollegen überprüfen lasse, können sich feste Gesprächsstrukturen herauskristallisieren. Beispiel: Ich beachte und beherrsche die Punkte 3 und 4, nicht aber die Punkte 7 und 10. Aus solchen Entdeckungen ergibt sich die Möglichkeit, mein Verhalten gezielt zu korrigieren.

5. Praktische Übungen

1. Bitte analysieren und beurteilen Sie nach der angeführten Einschätzungsskala das folgende Gesprächsprotokoll[10]:

Klientenäußerung 1: ... und ich weiß nicht, ich weiß nicht, was für ein Job mir angeboten wird. Aber — — eh — —

Therapeutenäußerung 1: Es wäre wohl nicht der beste auf der Welt.

Kl. 2: Ich bin sicher, daß es so kommen wird, aber — —

Th. 2: Aber wenn Sie sich nicht entschließen können, einige dieser unerfreulichen Dinge zu schlucken — Sie müssen es durchstehen. Sie w e r d e n es durchstehen.

Kl. 3: Gewiß, ich — ich w e i ß schon, daß ich es tun muß, ich stehe im Begriff, es zu tun. Aber — es ist schrecklich leicht für mich, Doktor, ... in mein Schneckenhaus zu kriechen, — ich — ich — überwintere. Ich — eben — kann mich eben zu nichts aufraffen.

Th. 3: Das ist Ihr Fehler (streng)

Kl. 4: Sicher, das weiß ich. — (Pause) Aber es scheint, wie wenn immer ich — hier — hier ist's — immer wenn ich so weit komme, aktive Pläne für mich zu machen, dann sagen sie, ich sei anmaßend. Ein —

Th. 4: Mit andern Worten, man kritisiert Sie daß — (Kl.: Ja). So zieht sich unsere zarte kleine Dame dann in ihr Schneckenhaus zurück. (Kl.: Okay, Ja.) — Wenn sie Pfeile auf mich schießen, ziehe ich mich eben zurück und komme nicht heraus.

Kl. 5: So ist es.

Th. 5: Und das ist eben schlecht (schnell).

Kl. 6: (nach einer Pause): Aber warum lassen sie mich nicht ein bißchen Pläne machen? Warum — jetzt gerade nehme ich —.

Th. 6: Weil viele Leute Sie hier überhaupt nicht gut kennen. Und weil die Leute im allgemeinen — gelegentlich — Sie müssen daran denken, daß sie töricht sein könnten. Sie auch. Ich meine, Sie sind gelegentlich töricht, warum sollten es die andern Leute nicht auch sein.

2. Suchen Sie bitte zu den Klientenäußerungen Nr. 3, 4 und 6 Antworten, aus denen Wertschätzung und Wärme hervorgeht!

3. Nehmen Sie die Sammlung einzelner Klientenäußerungen zur Hand, die dieses Lernprogramm anbietet[11]. Finden Sie bitte Antworten, die den Klienten annehmen und achten. Versuchen Sie so rasch zu antworten, wie es ein wirklicher Dialog erfordert.

4. Überlegen Sie, wo Sie im Gespräch (mit der Lerngruppe und im privaten Gespräch) unbedingte Wertschätzung und emotionale Wärme geben und empfangen konnten. Wo war es nicht möglich? Was sind die Auswirkungen?

Ergänzung:

---

10 *Tausch*, a. a. O., 115 f
11 vgl. Schluß des Kapitels »Spiegelnde Methode«.

8. Kapitel

Spiegelnde Methode

1. Lernimpuls

Als Sozialpädagoge und Seelsorger, Berater und Therapeut verwende ich die spiegelnde Methode, arbeite ich mit der »Verbalisierung emotionaler Erlebnisinhalte«[1]. Vor allem spiegele ich die innere Erlebniswelt des Klienten, ferner die Gefühle und Affekte (»Gefühlsstrom«), die Einstellungen und Haltungen, die Wünsche und Ziele, das »Erleben der Wirkung der eigenen Person auf andere Menschen«[2] und die Wirkung von Personen und Sachen auf die eigene Person. Häufig geht es darum, das in Worte zu fassen, was mein Gesprächspartner nicht deutlich sagen kann. Beim Spiegeln verwende ich in der Regel andere sprachliche Formulierungen als mein Klient. Das Zurückspiegeln geschieht mit Einfühlung (»empathy«) und engagierter Teilnahme.
Ergänzung:

2. Begründung

1. Carl Rogers und Reinhard Tausch gehören zu den »Vätern« der spiegelnden Methode. Allerdings sagte schon *Sigmund Freud*: »Der Arzt ... soll wie eine Spiegelplatte nichts anderes zeigen, als was ihm gezeigt wird«[3]. Was geschieht, wenn die spiegelnde Methode praktiziert wird? Der Klient fühlt sich mit allen seinen Aussagen verstanden und angenommen. Er kann seinen Konflikt in allen Einzelheiten aussprechen, was bereits eine erste Klärung und Entlastung beinhaltet. Ängstliche Zurückhaltung, Abwehrmaßnahmen und Fluchttendenzen werden immer weniger nötig. Er faßt Vertrauen und gewinnt Freiheit und Mut zu weitergehenden persönlichen Aussagen.

2. Das Spiegeln des Therapeuten führt den Klienten zur Selbstexploration (Selbsterforschung), also dazu, daß er »über sich selbst, ... seine gefühlsmäßigen Stellungnahmen und Bewertungen, seine Ziele und Wünsche exploriert und sich zum Teil über sie klarer wird oder sich um Klärung bemüht«[4]. Die spiegelnde Methode bietet dem Klienten Möglichkeiten, sich und seinen Konflikt wie in einem Spiegel zu sehen und mit diesen Gegebenheiten produktiv zu arbeiten.

3. Viele empirische Untersuchungen und Testreihen weisen darauf hin, daß die spiegelnde Methode ermöglicht, daß der Klient zu konstruktiven Persönlichkeitsveränderungen kommt; das gilt insbesondere für psychoneurotische Personen[5].

---

[1] *R. Tausch*, Gesprächspsychotherapie, 1970[4], 79–111, 237–250, 275–285
[2] *Tausch*, a. a. O., 84
[3] *S. Freud*, Gesammelte Werke, VIII, 384; vgl. X, 313 ff; XII, 187 ff
[4] *Tausch*, a. a. O., 91
[5] *Tausch*, a. a. O., 95–98

4. Für die spiegelnde Methode sprechen auch die folgenden Gründe[6]:

a) Spiegeln bedeutet für den Klienten, daß er Partnerschaft und Toleranz erhält (vgl. Kapitel 4).

b) Spiegeln ist eine methodisch klare Form von partnerzentriertem Verhalten (vgl. Kapitel 5).

c) Spiegeln veranlaßt den Therapeuten zu genauem und kontrolliertem Zuhören (vgl. Kapitel 6).

d) Beim Spiegeln geschehen: Unbedingtes Annehmen, Wertschätzung (vgl. Kapitel 7).

e) Spiegeln ist eine Form von aktivem Suchen und Bemühen des Therapeuten (vgl. Kapitel 9).

f) Spiegeln fördert die Selbstexploration des Klienten (vgl. Kapitel 10).

g) Spiegeln ist eine Möglichkeit, sich an das Sprachniveau des Klienten anzupassen (vgl. Kapitel 13).

h) Durch Spiegeln können Vertrauensbrücken und Beziehungsgeflechte zwischen Therapeut und Klient entstehen (Kapitel 14).

i) Spiegeln ermöglicht einen richtigen Umgang mit Distanz und Nähe (vgl. Kapitel 17).

k) Auch in den Kapiteln 18–24 gibt es Beziehungspunkte zur spiegelnden Methode.

5. Daß das Zurückspiegeln von *emotionalen* Erlebnisinhalten besonders bedeutsam ist, muß noch kurz begründet werden, zumal es gegenwärtig viele gefühls- und affektfeindliche Strömungen gibt. Unter Fachleuten ist man sich weitgehend einig, daß der Mensch in der Regel stark von seinen Emotionen geprägt ist und also meist nicht so vernünftig und rational ist, wie er vorgibt oder sein möchte. Weil sehr häufig die Gefühle Ursache und Motor des menschlichen Denkens und Handelns sind, soll vor allem die Gefühlswelt des Klienten verbalisiert werden.

Ergänzung:

3. Kritische Reflexion

Die spiegelnde Methode ist kein »Allheilmittel« und darf nicht absolut gesetzt werden. Wie jede andere therapeutische Methode hat sie ihre Grenzen. Immerhin lehren Erfahrung und wissenschaftliche Forschung, daß das Spiegeln für die meisten Gespräche nützlich ist.

Wenn der Therapeut spiegelt, so bedeutet das nicht, daß er den Äußerungen des Klienten zustimmt. Das Spiegeln ermöglicht dem Klienten, daß er seine Äußerungen und sein Wesen selber deutlicher sieht und dann selber

---

[6] An dieser Stelle werden Verbindungslinien zu anderen Kapiteln dieses Buches gezogen, wird der enge Zusammenhang dieses Kapitels zu anderen Kapiteln aufgezeigt.

herausfindet, ob er sich gegenüber seinen Äußerungen (und seinem Wesen) eher zustimmend oder eher ablehnend verhalten will.

Ergänzung:

4. Konkretion

1. Ich vergegenwärtige mir »an Hand von Äußerungen des Klienten dessen phänomenales Erleben umfassend und präzise, gleichsam von der Innenseite des Klienten her« und teile ihm dann mit, was ich in tiefer Weise verstanden habe[7].

2. Ich spiegele vor allem:
   a) gefühlsnahe und gefühlsbetonte Äußerungen des Klienten,
   b) dem Klienten nahestehende und nahegehende Äußerungen,
   c) Einstellungen und gefühlsmäßige Bewertungen des Klienten,
   d) Wünsche und Ziele des Klienten,
   e) Wirkung der Person des Klienten auf andere Menschen und Rückwirkungen von Personen und Sachen auf den Klienten.

3. Ich spiegele möglichst alle wichtigen Klientenäußerungen und vermeide so die Gefahr, daß entscheidende Dinge unter den Tisch fallen und daß ich beim Verbalisieren nach meinen subjektiven Gesichtspunkten auswähle. Ich spiegele (nach Möglichkeit) gleich im Anschluß an jede wichtige Klientenäußerung; auf diese Weise erhält der Klient die Chance, sich in dieser Hinsicht noch mehr zu explorieren, und umgeht ein unfruchtbares Aufzählen wichtiger Erlebnisse.

4. Ich spiegele kurz, denn langatmige Verbalisierungen würden den Gedanken- und Redefluß des Klienten stören und schwer verständlich sein.

5. Ich spiegele konkret, indem ich spezielle und »greifbare« Äußerungen des Klienten aufnehme und so den Klienten zu weiteren konkreten, differenzierten Äußerungen ermuntere; hilfreich sind auch anschauliche, bildhafte Verbalisierungen. Abstraktes Verbalisieren bleibt oft unverständlich, unverbindlich, allgemein und veranlaßt den Klienten, daß er auch abstrakt redet.
Manchmal kann ich den Klienten zu konkreten Äußerungen ermuntern, indem ich etwa sage: »Es beschäftigt mich, wie das, was Sie sagten, im konkreten Alltag aussieht«, »Ich kann mir das, was Sie meinen, noch nicht so genau und plastisch vorstellen«.

6. Ich konzentriere mich beim Spiegeln vor allem auf das, was der Klient im Augenblick (»hier und jetzt«) erlebt und fühlt.

7. Wenn der Klient wenig von sich selber und seinen Gefühlen spricht und also lange bei fernliegenden (externalen) Themen verweilt (z. B. Berichte über andere Personen), versuche ich herauszufinden, was das für ihn bedeutet: Was erlebt der Klient jetzt gerade in seinem Inneren? Welche gefühlsmäßigen Beziehungen hat er zu dem, was er sagte (inneres Bezugssystem)?

---

[7] *Tausch*, Gesprächspsychotherapie, 1973[5], 296 ff

Inwiefern betrifft ihn das persönlich? Ich spreche den Klienten in dieser Hinsicht etwa so an: »Ich frage mich, was das für Sie bedeutet«, »Es beschäftigt mich, wie das auf Sie wirkt, was da in Ihnen vorgeht«.

8. Ich spiegele möglichst exakt (bin also kein Zerrspiegel, kein optimistisch oder pessimistisch gefärbter Spiegel) und zeige dem Klienten auf diese Weise, daß ich ihn genau verstehe. Wenn ich solche Exaktheit einmal nicht erreiche, kann ich mein Verbalisieren einleiten (oder abschließen) mit Redewendungen wie: »Ist es so ...?«, »Wenn ich Sie recht verstanden habe ...«.

9. Wenn ich den Klienten nicht verstanden habe, oder wenn er Gefahr läuft, zu schnell über ein Problem oder Gefühl hinwegzugehen, kann ich beispielsweise so intervenieren: »Ich bin nicht sicher, ob ich Sie ganz verstanden habe«, »Ich möchte Sie da noch besser verstehen können«, »Vielleicht können Sie das noch näher ausführen, damit es uns beiden klarer wird.«

10. Ich kann halbverbal und nonverbal zeigen, daß ich den Klienten in seinem Erleben und Fühlen verstehe.
Beispiele: Bei wichtigen Klientenäußerungen reagiere ich mit »mhm« oder »ja«, ich nicke mit dem Kopf oder nehme intensiven Blickkontakt auf, ich beuge den Oberkörper vor und wende mich auf diese Weise intensiv dem Klienten zu.

11. Ich beachte, daß meine Verbalisierungen übereinstimmen müssen mit meinen nonverbalen Äußerungen (z. B. Sitzhaltung, Sprechqualität): Wenn es hier keine Identität und Echtheit gibt, kann mein Verbalisieren vom Klienten nicht angenommen werden.

12. Ich spiegele neben den verbalen Äußerungen des Klienten auch die nonverbalen, z. B. den Gesichtsausdruck, die Sitzhaltung, den Tonfall usw. Nonverbal äußert sich der Klient manchmal offener und weniger geschützt als verbal.

13. Ich spiegele die emotionalen Erlebnisse und Interessen des Klienten und halte also meine eigenen Gefühle und Gedanken zurück. Sprachlich zeigt sich das darin, daß ich oft das Wörtchen »Sie« benütze (»Sie haben das Gefühl, daß ...«, »Sie wünschen sich, daß ...«) und selten oder nie die Wörtchen »ich«, »wir«, »man«.

14. Ich achte darauf, daß mein Spiegeln nicht mechanisch und fassadenhaft verläuft oder gar eine echoartige Wiederholung ist. Ich praktiziere also innere Anteilnahme und aktives Bemühen, ich verwende andere Wörter als der Klient (Synonyme oder Antonyme, vgl. dazu die praktischen Übungen Nr. 4 und 5!).

15. Ich vermeide alle »Gefahren und Laster der Gesprächsführung« (vgl. dieses Kapitel!).

16. Was »Verbalisierung emotionaler Erlebnisinhalte« konkret bedeutet, skizzieren die nachfolgenden Einschätzungsskalen in übersichtlicher und zusammenhängender Weise. Anhand dieser Skalen kann der Therapeut sein Verhalten kontrollieren und verbessern:

Einschätzungsskala I[8]:

Stufe 1: Die Äußerungen des Psychotherapeuten befassen sich entweder nicht mit den verbalen oder nicht-verbalen Äußerungen des Klienten oder reduzieren sie deutlich, indem sie bedeutsam weniger Gefühlsinhalte des Klienten kommunizieren, als dieser selbst äußerte.

Der Psychotherapeut zeigt nicht einmal, daß ihm die offen ausgedrückten Oberflächengefühle des Klienten bewußt sind. Er mag gelangweilt oder uninteressiert sein oder er geht von einem vorgefaßten Bezugspunkt aus, der den des Klienten völlig ausschließt.

Stufe 2: Der Psychotherapeut geht zwar auf die vom Klienten geäußerten Gefühlsinhalte ein, aber er läßt bemerkenswerte Affekte außer acht, die der Klient kommuniziert. Der Psychotherapeut mag einiges Bewußtsein der augenscheinlichen Oberflächengefühle des Klienten zeigen; aber seine Äußerungen setzen das affektive Niveau herab und verzerren die Bedeutung. Er mag seine eigenen Vorstellungen mitteilen, die jedoch nicht mit dem übereinstimmen, was der Klient äußert.

Stufe 3: Die Äußerungen, mit denen der Psychotherapeut auf die vom Klienten geäußerten Gefühlsinhalte eingeht, sind im wesentlichen austauschbar mit den Äußerungen des Klienten, da sie im wesentlichen dieselben Affekte und Bedeutungen ausdrücken. Der Psychotherapeut mag mit treffendem Verständnis auf die Oberflächengefühle des Klienten eingehen, aber er geht nicht auf die tieferen Gefühle ein oder er mißversteht sie.

Stufe 4: Die Äußerungen des Psychotherapeuten tragen sichtbar zu dem bei, was der Klient sagt, indem sie gefühlsmäßige Erlebnisinhalte tiefer ausdrücken, als der Klient selbst es konnte.

Der Psychotherapeut kommuniziert sein Verständnis der Äußerungen des Klienten auf einem tieferen Niveau und befähigt damit den Klienten, Gefühle zu erfahren und/oder auszudrücken, die er vorher nicht ausdrücken konnte.

Stufe 5: Die Äußerungen des Psychotherapeuten bereichern bedeutsam die Gefühle und die Bedeutung der Äußerungen des Klienten, 1. indem sie die Gefühlsinhalte tiefer ausdrücken, als der Klient selbst es konnte, oder 2. indem sie im Falle fortschreitend tiefer Selbstexploration des Klienten vollständig mit ihm gehen in dessen tiefsten Augenblicken. Der Psychotherapeut geht mit Genauigkeit auf alle tieferen sowie oberflächlicheren Gefühle des Klienten ein. Er ist »zusammen« mit dem Klienten oder »auf seiner Wellenlänge«. Psychotherapeut und Klient können dazu übergehen, bisher unerforschte Bereiche menschlicher Existenz zu erforschen.

Einschätzungsskala II[9]:

Stufe 2: Der Therapeut geht nicht auf die Erlebnisse und Gefühle des Klienten ein; er belehrt, bewertet, ermahnt usw., er führt von sich aus neue Themen ein.

---

[8] Diese Skala stammt von R. R. Carkhuff und wird zitiert nach Tausch, Gesprächspsychotherapie, 1973[5], 296

[9] Diese Skala stammt von *Truax*, wurde von Tausch und anderen bearbeitet und zu Übungszwecken in eine leicht zu handhabende schematische Kurzform gebracht, vgl. *Tausch*, Gesprächspsychotherapie, 1970[4], 82–84. Die hier abgedruckte Einschätzungsskala stellt eine Überarbeitung des Modells von *Tausch* dar.

Stufe 4: Der Therapeut verbalisiert äußere Sachverhalte und Erlebnisinhalte.

Stufe 6: Der Therapeut verbalisiert nebensächliche Erlebnisinhalte.

Stufe 8: Der Therapeut verba[isiert einen Teil der wesentlichen Erlebnisinhalte.

Stufe 10: Der Therapeut verbalisiert den überwiegenden Teil der Erlebnisinhalte.

Stufe 12: Der Therapeut verbalisiert in genauer Form alle wesentlichen Erlebnisinhalte.

5. Praktische Übungen

Übung 1

Stufen Sie bitte die nachfolgenden Therapeutenäußerungen ein gemäß der Einschätzungsskala II[10]:

Klientin: *Der Mann, mit dem ich nun in Verbindung stehe, — eh — der ist, möchte ich fast sagen, noch sensibler als ich, und auch den muß ich dauernd auffangen. Ich weiß nicht, ob ich Ihnen die Situation einigermaßen geschildert habe. Bloß habe ich im Augenblick das Gefühl, entweder — irgendwo — eh — hakt es einfach bei mir aus.*

a) Sie sollten sich mehr anstrengen, das zu überwinden.

b) In welchen Situationen ist das der Fall?

c) Sie stützen den Mann seelisch.

d) Sie wollen jetzt Ruhe haben.

e) Der Mann ist sehr labil, und das belastet Sie?!

f) Sie können die Situation nicht bewältigen.

g) Es wird Ihnen zuviel, wenn alles so zusammenkommt.

h) Es ist alles für Sie so schwierig geworden, und Sie spüren jetzt, Sie könnten das nicht mehr bewältigen.

Klientin: *Und die ganze Familie, wie gesagt, macht mir, abgesehen von meiner Tochter — machen mir meine Schwester und alle auch noch den Vorwurf: Du bist dem Kind gegenüber nicht hart genug, obwohl sie aus ihren Erfahrungen mit mir ja wissen müßten, daß ich — wenn jemand zu mir kommt — zu helfen versuche. Das heißt also, sie — sie — sie verlangen da von mir eine Haltung — das nutzt alles nichts, du mußt dich durchsetzen, und wenn du jeden Tag draufhaust. — Wo kriegt man aber das Rückgrat her, wenn man eben — oder — wo kriegt man diese — das her, wenn man's nicht hat?*

a) Glauben Sie nicht, daß es besser wäre, wenn Sie sich in diesem Punkt nicht von Ihrer Schwester bestimmen lassen?

b) Man kann alles lernen, Sie also auch, was Sie gerade Rückgrat nennen.

c) Erzählen Sie doch bitte noch ein bißchen mehr darüber!

d) Wieso glauben Sie, daß Sie dieses Rückgrat nicht haben?

---

[10] Die Einschätzungsskala II finden Sie innerhalb dieses Kapitels unter »Konkretion« Nr. 16. Die angeführten Beispiele stammen aus *Tausch*, Gesprächspsychotherapie, 1970[4], 102, 43

e) Sie haben das Gefühl, daß von Ihnen etwas erwartet wird, was Ihrer Natur zuwiderläuft.

f) Ich kann Sie verstehen, aber Sie sollten doch daran denken, was für das Kind das beste ist.

g) Sie brauchen sich nicht zu bemühen, hart zu sein, wenn es Ihrer Natur nicht entspricht.

h) Meinen Sie, daß Sie mit Prügeln aus Ihrem Kind einen anderen Menschen machen könnten?

i) Warum meinen Sie, daß Sie sich nicht durchsetzen? Sind Sie wirklich weich dem Kinde gegenüber?

k) Sie fragen sich, wie Sie so hart sein können, wie es die anderen von Ihnen wünschen, wo Sie doch diese Härte nicht haben.

Übung 2

Bitte notieren Sie zu den nachfolgenden Klientenäußerungen[11] jeweils eine spiegelnde Antwort. Im Anschluß daran stufen Sie Ihre Lösungsversuche ein gemäß der Einschätzungsskala II (vgl. »Konkretion« Nr. 16):

Klientenäußerung 1 (Klientin, 69 Jahre): *Ich hoffe nicht, daß Sie mich albern finden, Herr Pfarrer, wenn ich Ihnen erzähle, was mich bedrückt.*
Th. 1:
Kl. 2: *Ich komme nicht damit zurecht, ich kann nicht darüber hinwegkommen, daß mein Bruder gestorben ist.*
Th. 2:
Kl. 3: *Es ist, als ob das Leben keinen Sinn mehr hat.*
Th. 3:
Kl. 4: *Wenn man nach Hause kommt, fällt die Leere immer wieder auf einen.*
Th. 4:
Kl. 5: *Ist das Sünde, Herr Pfarrer, wenn man so etwas sagt?*
Th. 5:

Klientenäußerung 1 (Klientin ist 50 Jahre alt, Hausschneiderin, hat eine schwere Operation hinter sich und liegt im Krankenhaus): *Ich muß mich immer übergeben. Ich bin noch nicht viel wert.*
Th. 1:
Kl. 2: *Ab und zu komme ich wohl aus dem Bett, aber ich bin noch zu krank.*
Th. 2:
Kl. 3: *Ich behalte den Kopf oben. Ich lasse den Mut nicht sinken.*
Th. 3:
Kl. 4: *Ich mag eigentlich die älteren Schwestern lieber als die jüngeren. Die sorgen noch nicht richtig für einen. Sie lassen einem die Schüssel einfach unter der Nase stehen, wenn man sich übergeben hat. So etwas tut eine ältere Schwester nicht. Abends, wenn man gerade im Schlaf liegt, drehen sie einem plötzlich das volle Licht an. So etwas tut man nicht, wenn man an seinen Mitmenschen denkt.*

---

[11] Aus *Faber-Schoot*, Praktikum des seelsorgerlichen Gesprächs, Göttingen 1968

Th. 4:

Kl. 5: *So eine ältere Schwester, die sieht mehr, die sorgt mehr für einen. Das hat man nötig.*

Th. 5:

Kl. 6: *Wir haben hier vorigen Donnerstag eine Abendmahlsfeier gehabt. Ich habe auch daran teilgenommen. Es war in dem anderen Saal. Wir wurden in unseren Betten dorthin gefahren. Ja, gerade im Krankenhaus hat man ein stärkeres Bedürfnis danach. Man empfindet dann mehr dabei.*

Th. 6:

Kl. 7: *Der Arzt hat meinen Sohn gefragt, ob ich gehofft hatte, zu Ostern nach Hause zu kommen. Er habe mich oft so still nach draußen blicken sehen. Er fürchtete, ich grübelte zuviel.*

Th. 7:

Kl. 8: *Ich verstehe, daß ich noch nicht nach Hause kann. Ich würde nur zur Last fallen. Mein Blut muß erst ganz in Ordnung sein. Man ist hier auch nicht schlecht aufgehoben.*

Th. 8:

Übung 3

Nachstehend finden Sie zu insgesamt neun Klientenäußerungen jeweils fünf therapeutische Antworten. Dabei ist (mit Ausnahmen) gutes Therapeutenverhalten angestrebt – offenbar gibt es hier vielfältige Ausformungen. Bitte prüfen Sie, inwieweit die Therapeutenäußerungen gut sind (vgl. die verschiedenen Lernimpulse und Einschätzungsskalen dieses Lehrbuches!). Überlegen Sie, inwieweit diese Therapeutenäußerungen Modellcharakter für Ihre Praxis haben.

Ausschnitte aus einem Gespräch mit einem Maschinenbauingenieur, 30, verheiratet, 1 Kind:

Kl. 1: *Bei mir gibt es da ein stark retardierendes Moment. Ich kann mich nicht entscheiden, ich lasse mich lieber in Entscheidungen hineindrängen. Im Beruf und privat werde ich oft an die Wand gedrängt.*

Therapeutenäußerungen:
  a) *Sie möchten da mehr Widerstand leisten können.*
  b) *Sie haben spontan keine eigene Meinung und fühlen sich dann oft überrollt.*
  c) *Sie erleben sich da als recht schwach, und darunter leiden Sie.*
  d) *Es fällt Ihnen schwer, Ihre persönlichen Interessen und Bedürfnisse anderen gegenüber zu behaupten.*
  e) *... daß Sie da zu kurz kommen mit Ihren Wünschen.*

Kl. 2: *Wenn ein Mädchen mich liebt, gehe ich darauf ein. Aber ich selbst werde nicht aktiv, ich kämpfe nicht um eine Frau.*

Therapeutenäußerungen:
  a) *Sie fragen sich, wie Sie da mehr aus sich herausgehen könnten.*
  b) *Ist es so, daß Sie da irgendwie keine Lust haben, oder aber Angst empfinden?*
  c) *Sie scheuen sich davor, Ihre Gefühle deutlich zu zeigen.*
  d) *Sie leiden da unter Ihrer Passivität.*
  e) *Irgend etwas lähmt Sie dann.*

Kl. 3: *Wenn ich in einer Gruppe bin, spiele ich immer die neutrale Mitte. Von Sympathie oder Antipathie spreche ich nie. Wenn andere Menschen aktiv und emotional werden, erscheint mir das immer als Marionettentheater.*

Therapeutenäußerungen:
- a) *Es scheint Ihnen so fremd, wenn die andern lebhaft werden.*
- b) *Sie fühlen sich nur wohl, wenn Sie und die anderen zurückhaltend sind.*
- c) *Sie scheuen sich davor, Ihre Gefühle deutlich zu zeigen.*
- d) *Gefühle auszusprechen, das stößt Sie ab.*
- e) *Es fällt Ihnen schwer, Gefühle zum Ausdruck zu bringen.*

Kl. 4: *Meine Liebe zu meiner Frau ist geringer als ihre zu mir. Ich könnte es verkraften, wenn meine Frau einmal fremd ginge. Sie würde mir das niemals zugestehen.*

Therapeutenäußerungen:
- a) *Ist es so, daß Sie das etwas beschämt?*
- b) *Sie fühlen sich nicht so stark gebunden an Ihre Frau.*
- c) *Hier klafft etwas auseinander, und das belastet Sie.*
- d) *Das wirkt auf Sie beunruhigend und bedrohend.*
- e) *Sie empfinden für Ihre Frau nicht so viel, wie Ihre Frau für Sie.*

Kl. 5: *Ich habe geheiratet, weil es meine Frau wollte. Ich wußte damals nicht genau, was ich wollte. Ich erlebe meine Ehe manchmal als Fessel. Ich muß mehr Liebe schenken, als ich kann.*

Therapeutenäußerungen:
- a) *Von Anfang an bis zum heutigen Tag ist es so eine Überforderung für Sie.*
- b) *Sie spüren, daß Sie da irgendwie ausgesogen werden.*
- c) *Das bedrückt Sie, und insgeheim müssen Sie Ihrer Frau Vorwürfe machen.*
- d) *Sie fühlen sich überfordert und wünschen sich mehr Freiheit.*
- e) *Das ist zeitweise wie ein Joch, das Sie abschütteln möchten.*

Kl. 6: *Ich kann meine Persönlichkeit nicht entfalten, ich kann am Wochenende nicht tun, was ich will. Meine Frau macht hier nicht mit, es kommt dann zu Szenen, schließlich resigniere ich.*

Therapeutenäußerungen:
- a) *Sie spüren, daß da noch viel mehr in Ihnen steckt, das aber im Moment wie eingesperrt ist.*
- b) *Manchmal wollen Sie sich freiboxen, aber das will und will nicht funktionieren.*
- c) *Das macht Sie ziemlich fertig.*
- d) *Sie können Ihre persönlichen Interessen einfach nicht durchsetzen.*
- e) *Das bedeutet, daß Sie an allen Ecken und Enden eingeengt sind.*

Kl. 7: *Meine Frau hat da so idealistische Vorstellungen, daß man alles gemeinsam tun müßte. Sie stellte sich eine Ehe sehr ideal vor. Ich beurteile das manchmal als unreif, fast krankhaft.*

Therapeutenäußerungen:
- a) *Sie haben da ganz andere Vorstellungen.*

68

b) *Sie können mit den Wünschen Ihrer Frau wenig anfangen, Sie wollen aber Ihren eingenen Weg gehen, eine private Ecke haben.*

c) *Sie fühlen sich dann so ganz fremd neben Ihrer Frau.*

d) *Sie fühlen sich durch Ihre Frau zu Gefühlen gezwungen, die Sie einfach nicht aufbringen können.*

e) *Sie sehnen sich nach mehr Bewegungsfreiheit.*

Kl. 8: *Wenn meine Frau großzügig wäre und mir Freiheit ließe, würde das gut auf mich wirken. Aber sie wünscht, daß ich jede freie Minute für sie und den Sohn verwende – ich liebe meinen Sohn. Wenn ich am Sonntagmorgen Sport machen will, will sie liegen bleiben. Wenn ich mit Freunden wandern will, soll ich unseren Sohn mitnehmen.*

Therapeutenäußerungen:

a) *Irgendwie fühlen Sie sich da ständig gegängelt.*

b) *Wenn Sie mehr Spielraum hätten, wären Sie Ihrer Frau dankbar und könnten richtig aufleben.*

c) *Daß Sie da eigentlich in Ihrer Ehe Ihre Bedürfnisse nie erfüllt bekommen.*

d) *So eingeengt, macht Ihnen Ihr Leben und Ihre Ehe wenig Freude.*

e) *Sie sehnen sich nach mehr Bewegungsfreiheit.*

Kl. 9: *Durch ihr Gängeln erreicht meine Frau bei mir genau das Gegenteil. Wenn sie weniger Zwang anwenden würde, könnte ich mehr auf sie eingehen, könnte ich auch den Zwang zur Heirat überwinden. Aber sie will mich ganz, oder sie will die Scheidung.*

Therapeutenäußerungen:

a) *Dieser Druck den Sie da spüren, erschreckt Sie und empört Sie.*

b) *Dieses extreme Vorgehen geht Ihnen so sehr gegen den Strich, daß Sie kaum mehr einlenken können.*

c) *Sie fühlen sich da richtig ausgeliefert.*

d) *Sie erleben das als starke Einengung, so daß Sie kaum noch eigene Gedanken und Gefühle haben können.*

e) *Wenn Ihnen Ihre Frau entgegenkäme, fühlten Sie sich wohler in Ihrer Haut und in Ihrer Ehe.*

Übung 4

Ziel der folgenden Übung[12] ist es, daß Sie sich in einer vorläufigen Weise im Verbalisieren emotionaler Erlebnisinhalte üben und dabei Ihren Sprachschatz erweitern.

Stellen Sie sich bitte vor, ein Klient spricht zu Ihnen über seine Gefühle und gefühlsmäßigen Einstellungen. Aus der jeweiligen Klientenäußerung (1–25) geht hervor, daß der Klient z. B. (1) ärgerlich ist. Diese Empfindung wollen Sie bitte spiegeln: Notieren Sie dazu Wörter, die den genannten (ärgerlich sein) entsprechen (zornig sein, wütend sein, aus dem Gleichgewicht kommen) bzw. Wörter, die in etwa das Gegenteil ausdrücken (gelassen sein, sich ausgeglichen fühlen).

---

[12] Diese Übung wird im Kurs »Pastorale Zielgruppenarbeit« der Evang. Landeskirche in Württemberg praktiziert.

1. ärgerlich sein
2. zufrieden sein
3. sich geborgen fühlen
4. ängstlich sein
5. sich betrogen fühlen
6. sich allein fühlen
7. sich zurückgewiesen fühlen
8. Beklemmung verspüren
9. mutig sein
10. stolz sein
11. bedrückt sein
12. unsicher sein
13. nichts leisten können
14. zärtlich sein
15. dankbar sein
16. herzlich sein
17. hoffnungsvoll sein
18. völlig leer sein
19. Schmerz verspüren
20. träge sein
21. sich ausgelacht fühlen
22. sich unbeweglich fühlen
23. Stimmungsschwankungen verspüren
24. sich impotent fühlen
25. sich anders als andere erleben

Übung 5

Bitte lesen Sie die nachstehenden Modellbeispiele und überprüfen Sie, inwieweit dabei die Konkretionen 1–16 zum Zug kommen:

Beispiele für synonyme Therapeutenäußerungen

Kl. 1:   (Lehrerin, 42 Jahre, geschieden): *Bis vor einem Jahr habe ich gehofft, daß mein Mann eines Tages wieder zu mir zurückkehrt. Aber er fügt mir eine Enttäuschung nach der anderen zu. Und trotzdem hoffe ich manchmal noch.*

Therapeutenäußerungen:

a) *Sie sind erstaunt, daß Sie immer noch so an ihm hängen.*

b) *Sie fühlen sich hin- und hergerissen zwischen Verzweiflung und Hoffnung.*

c) *Sie fühlen sich da von Ihrem Mann sehr im Stich gelassen.*

d) *... daß Sie sich wie auf einem sinkenden Schiff fühlen.*

Kl. 2:   *Es ist ein richtiger Teufelskreis: Einmal bin ich unheimlich traurig, dann überfällt mich wieder eine große Wut. Mein Mann will von dem allem nichts wissen, er versteckt sich hinter freundlichen Worten.*

Therapeutenäußerungen:

a) *... daß so innerlich ein Orkan losbricht und Sie von niemand Anteilnahme spüren.*

b) *Sie fühlen sich allein gelassen mit Ihren Tränen und Ihrem Zorn.*

c) *Das reibt Sie auf, das macht Sie mürbe.*

d) *Sie schwanken da zwischen Haß und Resignation, ohne einen Ausweg zu finden.*

Kl. 3: *Was mein Mann ist, ist er durch mich geworden. Und jetzt hat er mich aufs Abstellgleis geschoben und macht sich gemeinsam mit seiner Freundin ein schönes Leben.*

Therapeutenäußerungen:

a) *Sie fühlen sich abgeschoben, und das empört Sie.*

b) *Sie fühlen sich jetzt von ihm ganz im Stich gelassen.*

c) *... daß Sie sich ausgenützt und mißbraucht fühlen.*

d) *Das enttäuscht Sie, tut Ihnen weh.*

Kl. 4: *Noch mehr als meinen Mann hasse ich seine Freundin, aber sie weicht mir ständig aus.*

Therapeutenäußerungen:

a) *... daß sie sich Ihnen gar nicht stellt, das bringt Sie noch mehr in Wut.*

b) *Fast ersticken Sie daran, daß Sie Ihren Haß nicht an den Mann bringen können.*

c) *Am liebsten würden Sie ihr ins Gesicht spucken, ist es das?*

d) *Innerlich kommen Sie da richtig ins Kochen.*

Kl. 5: *Manchmal, besonders wenn ich depressiv gestimmt bin, möchte ich die beiden am liebsten verschlagen. Aber das brächte mir auch keine Befreiung. Ich habe einen Riesenhaß, wie soll ich ihn loswerden?*

Therapeutenäußerungen:

a) *Diese Wut sitzt Ihnen im Nacken, sie läßt sich nicht abschütteln.*

b) *Sie möchten diese Wut gerne loswerden, aber sie beherrscht Sie richtig.*

c) *Sie können Ihren Gefühlen so oder so nicht Raum geben.*

d) *Dieser Haß macht Ihnen das Leben schwer und die Hölle heiß.*

Beispiele für antonyme Therapeutenäußerungen

(Der Therapeut drückt negativ aus, was der Klient positiv formulierte, oder verbalisiert positiv, was der Klient negativ ausdrückte.)

Kl. 1: (Lehrerin, 42, geschieden): *Bis vor einem Jahr habe ich gehofft, daß mein Mann eines Tages wieder zu mir zurückkehrt. Aber er fügt mir eine Enttäuschung nach der anderen zu. Und trotzdem hoffe ich manchmal noch.*

Therapeutenäußerungen:

a) *Sie können das nicht verstehen, daß Sie sich von ihm noch nicht lösen können.*

b) *Sie kommen einfach noch nicht los von ihm.*

c) *Sie haben da gar keinen festen Boden unter den Füßen, keine klare Zukunft.*

d) *Trotz Ihrer Enttäuschung können Sie die Hoffnung nicht aufgeben.*

Kl. 2: *Es ist ein richtiger Teufelskreis: Einmal bin ich unheimlich traurig, dann überfällt mich wieder eine große Wut. Mein Mann will von dem allem nichts wissen, er versteckt sich hinter freundlichen Worten.*

71

Therapeutenäußerungen:
- a) *Sie können sich diesem Teufelskreis von Trauer und Wut einfach nicht entziehen.*
- b) *Da ist fast nichts mehr, was Ihr Leben angenehm und lebenswert macht.*
- c) *... daß Sie so gar nicht das Gefühl haben dürfen, daß sich jemand um Sie bemüht.*
- d) *Sie können gar nicht mehr froh und gelassen sein.*

Kl. 3: *Was mein Mann ist, ist er durch mich geworden. Und jetzt hat er mich aufs Abstellgleis geschoben und macht sich gemeinsam mit seiner Freundin ein schönes Leben.*

Therapeutenäußerungen:
- a) *Über diese Ungerechtigkeit können Sie einfach nicht hinwegkommen.*
- b) *Ihre Zukunft erscheint gar nicht mehr sinnvoll und schön.*
- c) *Das alles raubt Ihnen die Freude am Leben.*
- d) *Dieses Weggeschobenwerden können Sie gar nicht verstehen.*

Kl. 4: *Noch mehr als meinen Mann hasse ich seine Freundin, aber sie weicht mir ständig aus.*

Therapeutenäußerungen:
- a) *Irgendwie löst sich der Druck bei Ihnen so lange nicht, wie Sie so wehrlos sind.*
- b) *... daß Sie so gar nichts tun und ändern können, das macht Sie so hilflos und wehrlos.*
- c) *Im Augenblick können Sie an diesen zwei Menschen überhaupt nichts Gutes finden.*
- d) *Sie können weder Verständnis noch Sympathie für diese Frau empfinden.*

Kl. 5: *Manchmal, besonders wenn ich depressiv gestimmt bin, möchte ich die beiden am liebsten verschlagen. Aber das brächte mir auch keine Befreiung. Ich habe einen Riesenhaß, wie soll ich ihn los werden?*

Therapeutenäußerungen:
- a) *Diese Wut macht Sie so richtig unfrei und läßt Ihnen keine Ruhe mehr.*
- b) *... daß Sie diese Wut so gar nicht loswerden können und Sie so gar nicht mehr Sie selber sein können.*
- c) *Sie leiden darunter, daß es für Sie so gar keine Ruhe und keinen Frieden gibt.*
- d) *Es bedrückt Sie sehr, daß Sie keine Befreiung und Erleichterung finden.*

Beispiele für Therapeutenäußerungen, die Wünsche und Ziele des Klienten verbalisieren

Kl. 1: *(Lehrerin, 42 Jahre, geschieden): Bis vor einem Jahr habe ich gehofft, daß mein Mann eines Tages wieder zu mir zurückkehrt. Aber er fügt mir eine Enttäuschung nach der anderen zu. Und trotzdem hoffe ich manchmal noch.*

Therapeutenäußerungen:
- a) *Eigentlich möchten Sie so innerlich noch nicht von ihm weg.*
- b) *Auch wenn es Ihnen ganz widersprüchlich erscheint, sehnen Sie sich noch nach ihm.*

72

c) *Sie klammern sich an einen Strohhalm und würden so gerne mit Ihrem Mann in einem Boot sitzen.*

d) *Sie wollen diese Enttäuschung abschütteln, Ihre Einsamkeit durchbrechen.*

Kl. 2: *Es ist ein richtiger Teufelskreis: Einmal bin ich unheimlich traurig, dann überfällt mich wieder eine große Wut. Mein Mann will von dem allem nichts wissen, er versteckt sich hinter freundlichen Worten.*

Therapeutenäußerungen:

a) *... daß Sie sich so in Ihrer inneren Angst an jemand anlehnen möchten.*

b) *Sie haben das satt, Sie wollen das ändern.*

c) *Irgendwie wollen Sie Ihre traurigen und zornigen Gefühle bei Ihrem Mann aussprechen und abladen.*

d) *Um aus Ihrem Teufelskreis herauszukommen, möchten Sie gerne mit Ihrem Mann sprechen.*

Kl. 3: *Was mein Mann ist, ist er durch mich geworden. Und jetzt hat er mich aufs Abstellgleis geschoben und macht sich gemeinsam mit seiner Freundin ein schönes Leben.*

Therapeutenäußerungen:

a) *Das empört Sie so, daß Sie am liebsten dazwischenfahren würden.*

b) *Das treibt Sie auf die Barrikaden.*

c) *Sie wollen sich Ihr Leben nicht verpfuschen lassen.*

d) *Sie möchten nicht abgeschoben werden.*

Kl. 4: *Noch mehr als meinen Mann hasse ich seine Freundin, aber sie weicht mir ständig aus.*

Therapeutenäußerungen:

a) *Sie möchten mal irgendwas tun können, das würde Ihnen helfen.*

b) *Sie suchen den Schlagabtausch, das würde Sie erleichtern.*

c) *Sie wollen mal explodieren, Ihre Wut herauslassen.*

d) *Sie möchten so gerne eine Gegenüberstellung mit ihr erzwingen.*

Kl. 5: *Manchmal, besonders wenn ich depressiv gestimmt bin, möchte ich die beiden am liebsten verschlagen. Aber das brächte mir auch keine Befreiung. Ich habe einen Riesenhaß, wie soll ich ihn loswerden?*

Therapeutenäußerungen:

a) *Mal möchten Sie am liebsten auf die beiden los, mal wäre es Ihnen lieber, wenn die Wut einfach so weg wäre.*

b) *Danach sehnen Sie sich so, daß Sie nicht mehr unter diesem Druck stehen.*

c) *Sie suchen ein Ventil für Ihren Haß.*

d) *Sie wollen diesen Ballast endlich loswerden und wieder ruhig und ausgeglichen sein.*

Beispiele für Therapeutenäußerungen, die Anregung und Impulse geben

Kl. 1: (Lehrerin, 42 Jahre, geschieden): *Bis vor einem Jahr habe ich gehofft, daß mein Mann eines Tages wieder zu mir zurückkehrt. Aber er fügt mir eine Enttäuschung nach der anderen zu. Und trotzdem hoffe ich manchmal noch.*

Therapeutenäußerungen:

a) *Sie überlegen sich, wie Sie aus diesem Hin und Her herauskommen.*

b) *Ihr Warten und Hoffen erscheint Ihnen zunehmend sinnlos, ist es so?*

c) *Sie überlegen manchmal, ob nicht trotz der Enttäuschungen ein weiteres Zusammenleben möglich wäre.*

d) *Ich frage mich, wie Sie dieses Enttäuscht-werden überwinden könnten.*

Kl. 2: *Es ist ein richtiger Teufelskreis: Einmal bin ich unheimlich traurig, dann überfällt mich wieder eine große Wut. Mein Mann will von dem allem nichts wissen, er versteckt sich hinter freundlichen Worten.*

Therapeutenäußerungen:

a) *Sie spüren: Wenn ich da mehr Anteilnahme bekäme, bräuchte es nicht so schlimm zu sein bei mir.*

b) *Dieses unheimliche Auf und Ab macht Ihnen Angst, und Sie suchen, wie Sie da mehr Ruhe und Gleichmäßigkeit reinbekommen können.*

c) *Sie fragen zweierlei: Wie soll ich mit meinem Mann umgehen? Wie kann ich mit meiner Wut und Traurigkeit fertig werden?*

d) *Es beschäftigt Sie, warum Ihr Mann sich so hartnäckig einer Aussprache entzieht.*

Kl. 3: *Was mein Mann ist, ist er durch mich geworden. Und jetzt hat er mich aufs Abstellgleis geschoben und macht sich gemeinsam mit seiner Freundin ein schönes Leben.*

Therapeutenäußerungen:

a) *Das erscheint Ihnen alles so sinnlos, so ausweglos.*

b) *Ist es so: Wenn Sie das Ganze wenigstens verstehen könnten, wäre es leichter für Sie.*

c) *Sie fragen sich: Wo bleibe da ich mit meinen Interessen?*

d) *Da entsteht einerseits ein Gefühl der Auflehnung, andererseits wollen Sie vielleicht resignieren, ist es so?*

Kl. 4: *Noch mehr als meinen Mann hasse ich seine Freundin, aber sie weicht mir ständig aus.*

Therapeutenäußerungen:

a) *Eine Auseinandersetzung mit dieser Frau könnte Ihnen weiterhelfen.*

b) *... daß Sie so spüren: Es geht alles nur von ihr aus, und ich habe da gar nichts zu sagen.*

c) *Ich frage mich, wie Ihnen nach so einer Aussprache zumute wäre.*

d) *Was sich da in Ihnen angesammelt hat, können Sie einfach nicht loswerden.*

Kl. 5: *Manchmal, besonders wenn ich depressiv gestimmt bin, möchte ich die beiden am liebsten verschlagen. Aber das brächte mir auch keine Befreiung. Ich habe einen Riesenhaß, wie soll ich ihn loswerden?*

Therapeutenäußerungen:

a) *Sie stehen da unheimlich unter Druck und suchen ein Ventil für ihre schreckliche Wut.*

b) *Das ist wie ein Zwiespalt: Sie können Ihre Empörung nicht einfach loslassen, und Sie können sie auch nicht einfach vergessen.*

c) *Ein Zuschlagen würde Ihnen also wenig nützen, ob andere Möglichkeiten aus diesem Hexenkessel herausführen?*

d) *Dieser große Haß versetzt Sie so sehr in Angst, daß Sie nicht recht mit ihm umgehen können.*

74

Übung 6

Hier finden Sie 20 Äußerungen eines Klienten (23 Jahre, Kriegsteilnehmer). Schreiben Sie auf ein Blatt Papier jeweils eine Antwort gemäß der spiegelnden Methode. Entwickeln Sie Ihre Antworten der Reihe nach, ohne den weiteren Gesprächsgang vorher zu lesen. Zum Abschluß können Sie Ihre Antworten mit den 20 Lösungsvorschlägen vergleichen, die angegeben sind[13].

1. *Guten Tag! Mein Name ist Jones, John Jones. Der Ausbildungsleiter sagte, er meine, ich solle Sie einmal aufsuchen.* (Jetzt spiegelnde Antwort auf ein Blatt Papier schreiben!)

2. *Sehen Sie, er sagte, er glaube, daß ich einen Minderwertigkeitskomplex habe; daß ich nicht richtig rangehe bei der Arbeit. Er sagt ständig, daß ich keine Initiative habe, auch wenn ich eine Arbeit gut machen kann. Was meinen Sie dazu?*

3. *Ich möchte es gerne mit Ihnen durchsprechen, wenn Sie denken, das würde mir wirklich helfen.*

4. *Das dauert wohl ziemlich lange. Wieviel Zeit kann ich für mich in Anspruch nehmen?*

5. *Nun, sehen Sie, . . . ich weiß so gut wie der Ausbildungsleiter, daß ich bummle bei der Arbeit. Ich glaube, er will es recht machen, aber ich meine doch, daß er zu einem guten Teil selber daran schuld ist, daß ich bummle.*

6. *Und zwar seine Art, mit der er mich aufregt. Er macht mich wild mit seinen ständigen Kontrollen.*

7. *Er schleudert mir dauernd ins Gesicht, dies sei meine letzte Cance in diesem Ausbildungsprogramm, wenn ich nicht besser rangehe.*

8. *Aber ich darf diese Verdienstmöglichkeit nicht verlieren. Ich war lange arbeitslos, und nun habe ich gerade vor ein paar Monaten geheiratet. Ich weiß überhaupt nicht, was ich tun könnte, wenn man mich rausschmeißt.*

9. *Ich mache diese Ausbildung gerne. Ich wollte schon immer Kunsttischler werden. Dafür habe ich eine natürliche Begabung. Das liegt mir wirklich.*

10. *(15 Sek. Pause) Wissen Sie, der Ausbildungsleiter erinnert mich sehr an meinen älteren Bruder.*

11. *Er ist der Bruder, der mir dem Alter nach am nächsten ist, älter als ich. Wir sind vier, ein Bruder, eine Schwester und dann dieser Bruder — er ist grade ein Jahr älter als ich. Er war immer der Boß. Wenn unser Vater uns hieß, etwas zusammen zu machen, versuchte mein Bruder immer, es alleine zu machen (Pause) Aber das gehört nicht zur Sache. Ich muß herauskriegen, wie ich das Bummeln los werde. Ich verliere meine Arbeit, wenn ich nicht aufpasse.*

12. *Ich muß diese Arbeit schaffen, das ist mir klar. Es ist wirklich eine prima Chance. Ich wollte immer Kunsttischler werden, wie ich Ihnen sagte. Es macht mir riesigen Spaß, mit den Händen zu arbeiten und zu sehen, was man kann — das Ergebnis sofort zu sehen. Und außerdem, Kunsttischler sind immer gefragt, und sie verdienen auch gut.*

13. *Ich sehe es so, (Pause) . . . aber es fällt mir nicht leicht, dies auszusprechen. (Pause) Ich verstehe nicht, warum der Ausbildungsleiter mich überhaupt so auf-*

---

[13] Nach »Das seelsorgerliche Gespräch«, hg. »Arbeitsgemeinschaft Missionarische Dienste«, o. J., Stuttgart, Postfach 476

regt. Ich komme ganz durcheinander, wenn er mir bei der Arbeit zusieht. Meist lasse ich meinen Hammer fallen, oder meine Feile, oder höhle das Holz mit dem Stemmeisen zu sehr aus oder hoble zuviel ab oder irgendsowas. Ich werde so zittrig, daß ich aufhören und was andres tun muß, wenn das auch noch so dumm scheint.

14. Das ist alles so blöde, daß er mich so nervös macht. Sie müssen doch wissen, warum ich so reagiere. Können Sie mir das sagen?

15. (Pause) Ich habe schon viel daran herumgegrübelt, aber ich bin keineswegs sicher, daß mein Bruder an dieser ganzen Geschichte schuld ist. Nachdem meine Mutter gestorben war, als ich fünf war, mußte mein Bruder helfen, auf mich aufzupassen und mich zu versorgen. Er mußte mir viele Male sagen, was ich tun mußte. Ich war so ein Träumer, und er mußte immer bestimmen, was zu tun war. Mein Schulberater sagte mir einmal, mein Bruder sei die Ursache dafür, daß ich mich in der Schule so wenig anstrengte. Aber ich bin nicht so sicher, daß das in erster Linie von meinem Bruder herrührt.

16. Ich dachte, dieses Gespräch sollte mir eigentlich helfen, aber ich habe nicht das Gefühl, daß es mir irgendwie hilft.

17. Obwohl noch nichts geklärt ist, glaube ich doch, daß ich es fertig bringe, nicht aus dieser Arbeit herauszufliegen. Ich glaube nicht, daß ich es nötig habe, noch länger darüber zu reden.

18. Vielleicht hat das Gespräch mit Ihnen doch geholfen. Ich glaube, ich sehe die Antwort nun, aber ich habe kein großes Interesse, weiter in Einzelheiten zu gehen — es ist zu persönlich.

19. Was ich vergaß, Ihnen zu sagen: der Ausbildungsleiter hat mit meinem Chef schon die Papiere geprüft, um mich zu feuern, wenn ich es nicht besser schaffe in den nächsten zwei Wochen.

20. Ich danke Ihnen vielmals. Und ich hoffe, daß ich Ihnen nicht ungelegen kam. Sie müssen jetzt wohl noch bis spät arbeiten, weil ich so viel geredet habe und Ihre ganze Zeit in Anspruch nahm.

Lösungsvorschläge eines erfahrenen Therapeuten:

1. Ah, ja, Sie kommen zu mir, weil er denkt, Sie sollten das tun. Verstehe ich Sie so richtig?

2. So beurteilt er die Lage, aber ich glaube, Sie sind nicht so überzeugt, daß er recht hat.

3. Wenn Sie einigermaßen sicher wären, daß es hilft, würden Sie gerne darüber reden.

4. Ich habe jetzt Zeit bis . . .

5. Mit anderen Worten, Sie sind nicht der Meinung, daß Sie alleine verantwortlich zu machen sind.

6. Das steht Ihnen bis hier.

7. Sie fühlen sich also bedroht durch ihn.

8. Sie sind darauf angewiesen; Sie können es sich nicht leisten rauszufliegen.

9. Das reizt Sie wirklich.

10. Aha, da besteht eine gewisse Beziehung.

11. Egal was dahinter steckt, entscheidend ist, etwas dagegen zu unternehmen. Meinen Sie so?

12. *Sie müssen es nicht nur gut machen, sondern Sie wollen es auch wirklich.*

13. *Sie empfinden es als dumm, in gewisser Weise aber regt er Sie nun mal so sehr auf, daß Sie auf diese Art reagieren.*

14. *Ich habe den Eindruck, daß Ihnen dies wirklich rätselhaft ist.*

15. *Der Gedanke, es komme von Ihrem Bruder, wurde geäußert, aber offensichtlich sind Sie davon nicht so ganz überzeugt.*

16. *Sie haben das Gefühl, daß es nicht hält, was Sie sich davon versprachen?*

17. *Sie meinen, daß Sie selber zurecht kommen, nicht wahr?*

18. *Mit anderen Worten, vielleicht kommen Sie klar, ohne noch über eine Menge mehr persönlicher Dinge zu reden.*

19. *Das schwebt drohend über Ihnen und macht die Sache so dringend.*

20. *Sie sind einesteils dankbar, haben aber auch das Gefühl, daß Sie mich zu sehr in Anspruch genommen haben, ja?*

Übung 7

Suchen Sie bitte zu den folgenden zehn Klientenäußerungen[14] jeweils drei therapeutische Antworten:

Therapeutenäußerung (a) bringt eine *synonyme* Antwort,

Therapeutenäußerung (b) bringt eine *antonyme* Antwort,

Therapeutenäußerung (c) *verbalisiert*, was sich der Klient wünscht.

Fall Nr. 1: Siebenunddreißigjährige Frau (müde Stimme):
Ich weiß wirklich nicht, was ich tun soll. Ich weiß wirklich nicht, ob ich meine Stelle als Telephonistin wieder annehmen soll ... das macht mich so nervös, es ist kaum auszuhalten ..., aber so hätte ich eben eine feste Anstellung und ein gutes Gehalt; oder soll ich das alles lassen und tun, was mich wirklich interessiert, auf jeden Fall eine abwechslungsreichere Arbeit, aber dann müßte ich ja wieder ganz von unten mit einem kleinen Gehalt beginnen ... Ich weiß nicht, ob ich das wirklich tun könnte.

Th. (a):

Th. (b):

Th. (c):

Fall Nr. 2: Dreißigjähriger Mann (verzerrte und belegte Stimme):
Ich habe so ein ganz komisches Gefühl: wenn ich etwas Erfreuliches erlebe, dann kann ich einfach nicht daran glauben, ich tue dann so, als ob ich es einfach nicht erlebt hätte; das beunruhigt mich dann wirklich! Ich wollte mich eigentlich mit Gerda verabreden und war schon wochenlang in ihrer Nähe, bis ich den Mut fand, sie zu einem Rendezvous zu bitten ..., und dann sagte sie »ja«, und ich habe es nicht glauben können. Ich habe es einfach nicht glauben können und bin dann auch nicht hingegangen.

Th. (a):

Th. (b):

Th. (c):

Fall Nr. 3: Fünfunddreißigjähriger Mann (laute, abgehackte und aggressive Stimme):

[14] Aus *R. Mucchielli*, Das nicht – direkte Beratungsgespräch, Salzburg 1972, 14–16

Ich habe mich entschlossen, irgend etwas zu tun, ich habe keine Angst davor, schwer zu arbeiten, ich habe auch keine Angst, ein paar harte Schläge einzustecken, wenn ich weiß, was ich will. Und ich scheue mich nicht, wenn es sein muß, über Leichen zu gehen. Ich will alles für mich. Ich gebe mich nicht mit einer mittelmäßigen Stelle zufrieden! Ich will jemand sein!

Th. (a):

Th. (b):

Th. (c):

Fall Nr. 4: Dreißigjährige Frau (zaghafte Stimme):
Schon seit zehn Jahren wohne ich nun hier in dieser Stadt und seit sieben Jahren in derselben Wohnung, aber ich kenne einfach niemand. Im Büro scheine ich mir keine Freunde machen zu können, und ich fühle mich dort wie gelähmt. Ich versuche, mit den anderen Angestellten freundlich zu sein, aber im Grunde fühle ich mich verkrampft und nicht wohl, und dann rede ich mir ein, daß es mir doch einerlei ist. Man kann sich eben auf die Leute nicht verlassen. Jeder lebt für sich. Ich will keine Freunde, und manchmal bin ich so weit, daß ich wirklich davon überzeugt bin.

Th. (a):

Th. (b):

Th. (c):

Fall Nr. 5: Dreißigjähriger, aus der Armee entlassener Mann (zugleich zornig und verbittert):
Was soll das alles? Niemand spielt ein offenes Spiel mit mir. Die Kerle, die zu Hause geblieben sind, die haben alle Vorteile, die haben alle an uns profitiert, während wir an der Front kämpften, ich verwünsche sie alle zusammen. Sie spielen ein doppeltes Spiel. Und was meine Frau betrifft, nun ja ...

Th. (a):

Th. (b):

Th. (c):

Fall Nr. 6: Fünfunddreißigjähriger Mann (klare und entschiedene Stimme):
Ich bin sicher, daß mir die Sache gelingen könnte; alles, was ich brauche, sind Überblick, Hausverstand und Unternehmungsgeist. Das habe ich alles. Und wenn ich auch noch die entsprechenden Mittel hätte, würde ich mich sofort daran machen.

Th. (a):

Th. (b):

Th. (c):

Fall Nr. 7: Sechsundvierzigjähriger Mann (gespannte, gehässige Stimme):
Nun, da ist ein Neuer in der Firma, aber er ist ein verschlagener Kerl, er weiß auf alles eine Antwort und glaubt, er hätte das Schießpulver erfunden. Aber, Herrgott, er hat keine Ahnung, mit wem er es zu tun hat! Ich würde es besser machen als er, wenn ich nur wollte!

Th. (a):

Th. (b):

Th. (c):

78

Fall Nr. 8: Vierundzwanzigjähriges Mädchen (gespannte, wütende und verhaltene Stimme):
Wenn ich sie nur schon ansehe! ... Sie ist weder so attraktiv, noch so intelligent wie ich, sie hat keinen Chic, und ich frage mich, wie sie es fertigbringt, so vielen Leuten etwas vorzumachen. Warum durchschaut man bloß nicht ihr Getue? Irgend etwas gelingt ihr immer, und alle bewundern sie dann, wie sie es zustande gebracht hat. Ich halte das nicht mehr aus! Das macht mich noch verrückt! Sie bekommt alles, was sie will! Sie hat meine Stelle bekommen, sie hat Gerhard bekommen, sie hat ihn mir buchstäblich entführt und hat es dann auch noch geleugnet; als ich sie zur Rede stellte und ihr meine Meinung sagte, sagte sie bloß: »Es tut mir leid!« Aber warten Sie, ich werde es ihr schon zeigen!

Th. (a):

Th. (b):

Th. (c):

Fall Nr. 9: Martin, der neue Angestellte:
Obwohl ich mein Bestes versucht hatte, sind der Chef und sein Sekretär wütend auf mich geworden, weil ich mich bei einer schwierigen Abrechnung geirrt hatte, das hat mich ..., ich tue mein Bestes ..., ich tue wirklich mein Bestes, aber wenn sie so weit gehen, mir zu sagen, daß es nicht genug sei, dann zeigt mir das immer deutlicher, daß ich zu nichts tauge.

Th. (a):

Th. (b):

Th. (c):

Fall Nr. 10: Ein Student zu seinem Professor:
Herr Professor, ich wäre sehr froh, wenn Sie mir helfen könnten, einen Arbeitsplan für das kommende Wintersemester aufzustellen. Ich habe mit mehreren Leuten darüber gesprochen und sie gefragt, was ich wählen soll, aber jeder sagte etwas anderes, und es ist schwierig für mich zu erfahren, was ich wirklich tun soll. Wissen Sie, ich studiere erst das erste Jahr und ich weiß wirklich nicht, was am besten ist.

Th. (a):

Th. (b):

Th. (c):

Übung 8
Rollenspiel (Regieanweisungen):

Das Rollenspiel hat sich als eine sehr fruchtbare und vielseitige Möglichkeit des Übens erwiesen und sollte häufig praktiziert werden.

Situationsschilderung:

Aus 3 bis 7 Personen wird eine Kleingruppe gebildet. Ein Gruppenmitglied übernimmt die Rolle des Klienten, ein anderes die therapeutische Rolle; die übrigen Teilnehmer sind Beobachter. Zunächst dauert das Rollenspiel maximal 5 Minuten, später 10–15 Minuten.

Aufgabe des Klienten:

Der Klient bringt irgendeinen »Fall« oder eine Frage, möglichst aus dem eigenen Lebensbereich, damit das Gespräch echt ausfällt. Der Klient kann beim Rollenspiel überhaupt nichts falsch machen, weil der Therapeut die Aufgabe hat, sich auf jedes mögliche oder auch »unmögliche« Verhalten des Klienten einzustellen.

Aufgabe des Therapeuten:

Der Therapeut kann sich folgenden Aufgaben stellen:

a) Ausschließliche Anwendung der spiegelnden Methode: Wo man nicht zu spiegeln vermag, wird geschwiegen.

b) Partielle Anwendung der spiegelnden Methode: Wo das Spiegeln nicht gelingen will, werden andere Antworten gegeben.

Aufgabe für die Beobachter:

Das Rollenspiel zwischen Klient und Therapeut wird von den übrigen Gruppenmitgliedern beobachtet. Um exakt beobachten und anschließend analysieren zu können, erstellen die Beobachter ein Gesprächsprotokoll. Wörtlich notiert werden vor allem die wichtigsten Gefühlsäußerungen, Wünsche und Fragen des Klienten, dazu (möglichst) alle Äußerungen des Therapeuten. Die Beobachter können sich (anfangs) die Aufgaben teilen, damit es nicht zu schwierig wird. Zur Entlastung der Teilnehmer und für die exakte Analyse empfiehlt sich eine Aufnahme des Rollenspiels auf Tonband.

Auswertung des Rollenspiels (Zeitaufwand ca. 30 Minuten):

Klient, Therapeut und Beobachter äußern sich (in der genannten Reihenfolge!) in freiem, unstrukturiertem Meinungsaustausch (5 Min.). Im Anschluß daran werden alle Therapeutenäußerungen nacheinander systematisch analysiert (anhand der Gesprächsprotokolle oder der Tonbandaufzeichnung), etwa anhand folgender Fragen:

– Was und wie wird gespiegelt?

– Was wird durch das Spiegeln erreicht?

– Welche wichtigen Klientenäußerungen werden nicht gespiegelt?

– Welche Methoden werden neben der spiegelnden Methode verwendet (mit welchem Erfolg)?

– Wie würde eine optimale Verbalisierung aussehen?

Analyse und Auswertung des Rollenspiels können auch anhand einer »Einschätzungsskala« stattfinden.

Übungsvarianten zum Rollenspiel:

a) Manche Gruppenmitglieder übernehmen die Aufgabe des Klienten und Therapeuten leichter, wenn sie das Rollenspiel außerhalb der Gruppe durchführen können. Die Tonbandaufzeichnung des Rollenspiels wird dann in der Gruppe besprochen. Wenn in der Gruppe große Hemmungen gegenüber dem Rollenspiel bestehen, kann man diesen Konflikt innerhalb eines Rollenspiels von einem »Klienten« durchspielen lassen.

b) Die Position und Situation des Therapeuten kann erleichtert werden, indem ein Ko-Therapeut die Rolle mit übernimmt und dann antwortet, wenn

Therapeut I keine Antwort findet.

c) Ein Gruppenmitglied spielt den Klienten, alle anderen spielen reihum den Therapeuten: Sobald Teilnehmer I eine therapeutische Antwort gegeben hat, kommt Teilnehmer II an die Reihe und wartet ab, wann er eingreifen muß, usw.

d) Aus Gründen der Abwechslung und der Entspannung, aber auch deshalb, weil man auch aus Fehlern lernen kann, kann der Therapeut gelegentlich die Aufgabe bekommen, (im Sinne der spiegelnden Methode) möglichst falsch zu reagieren oder einfach so zu antworten, wie er es früher tat.

e) Das Rollenspiel dauert nicht nur wenige Minuten, sondern wird zu Ende geführt (Höchstdauer 50 Minuten).

Materialien zum Rollenspiel:

a) Wer den »Klienten« spielt, verwendet als Material am besten ein eingrenzbares Problem aus seinem persönlichen Bereich. Auf diese Weise kann er seine Rolle sehr echt spielen.

b) Der »Klient« schlüpft auf Grund einer (schriftlich vorliegenden) Fallschilderung in eine bestimmte Rolle. Der »Therapeut« und die »Beobachter« kennen diesen Fall nicht.

c) Der Übungsleiter schildert den Anfang eines therapeutischen Gesprächs (man kann auch den Anfang eines Gesprächsprotokolls vorlesen). Der »Klient« übernimmt dann diese Rolle und spielt sie nach subjektivem Ermessen weiter.

d) Der »Klient« berichtet in knappen Worten von einem schwierigen Gespräch mit einem Gesprächspartner, das er zu führen hatte. Dann schlüpft er in die Rolle des Gesprächspartners.

e) Der »Klient« bekommt ebenso wie der »Therapeut« einen »Reiztext« in die Hand. Nach kurzer Überlegung fängt der »Klient« an, sich in freier Weise dazu zu äußern.

Als emotionale »Reiztexte« bieten sich an:

– Emotional geladene Probleme wie »Pornographie«, »Linksradikalismus«, »Rechtsradikalismus«, »Schwangerschaftsunterbrechung« usw.

– Aggressiv-freche Chansons und Gedichte,

Beispiel: Geh aus, mein Herz, such' Sigmund Freud
      in dieser sexuellen Zeit,
      die Welt ist voller Gaben.
      Schau an der schönen Mädchen Zier
      und siehe, wie sie mir und dir
      sich ausgezogen haben
      (Frei nach *Paul Gerhardt*).

– Außergewöhnliche musikalische Reize, z. B. aus dem Bereich des Jazz oder der elektronischen Musik.

– Außergewöhnliche optische Reize, z. B. Illustriertenbilder mit aggressiver oder pornographischer Note, Kitsch in der Kunst, Darstellungen aus der modernen Kunst.

Übung 9
Vom Umgang mit Tonbandaufzeichnungen

Da bei den praktischen Übungen häufig mit Tonbandaufzeichnungen (von Rollenspielen und echten therapeutischen Gesprächen) gearbeitet wird, soll hier zusammenfassend dargestellt werden, auf welche Weisen man damit umgehen kann:

a) In der Regel werden Tonbandausschnitte von 5–10 Minuten abgehört. Während des Abhörens notiert man die wichtigsten Beobachtungen.

b) Anschließend wird das Therapeutenverhalten eingeschätzt anhand von Einschätzungsskalen – vgl. die verschiedenen Einschätzungsskalen dieses Buches.

c) Dann kann eine allgemeine Meinungsbildung stattfinden (anhand der notierten Einzelbeobachtungen).

d) Dringend nötig ist, daß der Tonbandausschnitt nochmals angehört und in allen Einzelheiten analysiert wird. Das geschieht so:
Das Tonband läuft ab. Sobald eine Klientenäußerung verbalisiert werden muß, wird das Band gestoppt und eine optimale therapeutische Antwort gesucht. Anschließend läuft das Tonband weiter. Wo das Band Therapeutenäußerungen liefert, werden diese analysiert und bei Bedarf verbessert.

e) Anstatt einen Tonbandausschnitt (aus einem echten therapeutischen Gespräch) zu analysieren, der bereits im Zusammenhang angehört wurde, kann man (im Sinne von Punkt d) auch mit Bandausschnitten arbeiten, die noch völlig unbekannt sind.

Aufgabe: Bitte arbeiten Sie jetzt gemäß den genannten Regieanweisungen, indem Sie die Tonbandaufzeichnung eines echten therapeutischen Gesprächs einsetzen. Der betreffende Klient muß damit einverstanden sein, daß Ausschnitte aus seiner Therapie zu Lernzwecken verwendet werden; seine Anonymität ist zu wahren, indem Namen usw. gelöscht oder verfremdet werden.

Zwischenbemerkung zu den praktischen Übungen

Das praktische Üben ist von großer Bedeutung, weil dabei der Schritt von der theoretischen Einsicht zum praktischen Tun vollzogen wird. Ein neues therapeutisches Verhalten muß eingeübt werden, so daß es jederzeit und leicht verfügbar ist. Sofern Sie sich durch die praktischen Übungen ermüdet und übersättigt fühlen, können Sie zwischendurch ein anderes Kapitel dieses Buches vornehmen, um sich später wieder auf ein praktisches Üben einzulassen.

Übung 10

Bitte analysieren Sie ein Gesprächsprotokoll, das Sie selber angefertigt haben. Wo Sie mit therapeutischen Antworten unzufrieden sind, suchen Sie nach besseren Lösungen.

Sie können auch mit den Gesprächsprotokollen arbeiten, die dieses Buch bietet oder die in anderen einschlägigen Büchern zu finden sind.

Übung 11

Wenn Sie innerhalb einer Lerngruppe ein Gesprächsprotokoll oder Tonbandaufzeichnungen bearbeiten, beachten Sie bitte alle Interaktionen, die verbal und nonverbal stattfinden. Beim miteinander Arbeiten und Sprechen kommt es darauf an, daß jedes Gruppenmitglied auf die anderen Teilnehmer (und speziell auf den Therapeuten) zentriert ist, daß man emotionale Wärme und unbedingte Wertschätzung ausstrahlt, daß man die Gefühle der anderen verbalisiert, und daß man in jedem Fall Echtheit und Selbstkongruenz praktiziert.

Im Anschluß an eine Gruppenarbeit schalten Sie bitte eine Gesprächsrunde (Feedback) ein, in der diese Dinge diskutiert werden.

Übung 12

Bitte praktizieren Sie das Verbalisieren emotionaler Erlebnisinhalte auch innerhalb von alltäglichen Begegnungen, so etwa im Gespräch mit Verwandten und Freunden, mit Arbeitskollegen und »Feinden«, oder wenn Sie innerhalb Ihrer Lerngruppe zum Essen gehen oder spazierengehen.

Übung 13

Wollen Sie zu einem erfahrenen Gesprächspsychotherapeuten gehen und mit ihm (in mindestens zehn Gesprächen) einen Teil Ihrer persönlichen Probleme bearbeiten? Im Sinne der Selbsterfahrung erleben Sie dabei »am eigenen Leib«, wie gute Therapie aussieht und was sie einbringt. Solche Gespräche können Ihren Lernprozeß im Blick auf Gesprächspsychotherapie intensivieren und tragen viel bei zur Selbstwahrnehmung und persönlichen Reifung.

Zu ähnlichen Zielen kommen Sie, wenn Sie an einer Selbsterfahrungsgruppe teilnehmen, die nach Methoden der Gesprächspsychotherapie arbeitet.

Übung 14

Sie finden nachstehend eine Vielzahl von Klientenäußerungen, die nicht miteinander in Zusammenhang stehen, und werden gebeten, dazu optimale therapeutische Antworten zu finden. Wozu gerade solches Übungsmaterial? Sie können dabei lernen, flexibel auf ganz unterschiedliche Themen und Emotionen zu reagieren – das brauchen Sie auch für Ihre therapeutischen Gespräche. Außerdem lernen Sie, wie Sie auf Klientenäußerungen reagieren können, wenn Sie den Kontext (noch) nicht kennen – das kommt besonders am Anfang von therapeutischen Gesprächen vor.

Mit den nachfolgenden Klientenäußerungen können Sie in verschiedener Weise arbeiten:

a) Sie suchen Antworten gemäß der spiegelnden Methode.

b) Sie können sich speziell darin üben, synonyme und antonyme Antworten zu finden, oder die Wünsche und Interessen des Klienten zu verbalisieren, oder möglichst konkret zu verbalisieren.

c) Sie können viele andere therapeutische Verhaltensweisen einüben (vgl. andere Kapitel dieses Buches!).

d) Sie können sich Zeit nehmen, um eine optimale Antwort zu finden, oder Sie können so rasch reagieren, wie es im echten Gespräch nötig ist.

e) Sie können zu einigen Klientenäußerungen drei verschiedene spiegelnde Antworten suchen und so die Vielfalt des Reagierens abtasten.

f) Sie können zwischendurch (zur Entspannung und Abwechslung!) einmal ganz spontan antworten und Ihre Antworten anschließend analysieren (zeigen sich da gewisse Grundstrukturen?).

g) Sofern Sie innerhalb einer Lerngruppe üben, gibt es folgende Möglichkeiten:

aa) Der Gruppenleiter liest eine Klientenäußerung vor (das Zuhören erleben Sie anders als das Lesen!), alle Gruppenmitglieder notieren eine Antwort, anschließend wird verglichen.

bb) Der Gruppenleiter liest eine Klientenäußerung vor, darauf antwortet Gruppenmitglied 1, die anderen hören kritisch zu, sie können ihre Analyse auch aussprechen. Dann wird die nächste Klientenäußerung verlesen, es antwortet Gruppenmitglied 2. So geht es reihum.

cc) Der Gruppenleiter liest eine Klientenäußerung vor. Die Gruppenmitglieder 1 und 2 antworten entsprechend der spiegelnden Methode. Teilnehmer 3 reagiert belehrend, Teilnehmer 4 wertet, Teilnehmer 5 liefert eine externale Antwort. Andere Gruppenmitglieder beobachten und analysieren das ganze Geschehen – es ergeben sich recht plastische Gegensätze. Dann wird eine weitere Klientenäußerung verlesen und entsprechend verfahren, usw.

Einzelne Klientenäußerungen als Übungsmaterial:

1. Es fällt mir schwer zu sagen, was mich bedrückt.

2. Ich weiß nicht, wie ich mich mit dieser Situation abfinden soll.

3. Wissen Sie, wenn ich nur an die Prüfung denke, könnte ich weglaufen.

4. Meinen Sie, es gibt irgendeine Möglichkeit für mich?

5. Ich bin mir nicht sicher, ob ich die Scheidung einreichen soll.

6. Ich möchte gern, daß Sie mit mir beten.

7. Ich sitze immer allein in meiner guteingerichteten Wohnung. Ich fühle mich einsam. Mein größter Wunsch ist, einen richtigen Freund zu finden.

8. Herr Doktor, ich hoffe, daß ich Sie nicht störe. Ich weiß, daß Sie viel zu tun haben.

9. Ich habe da ein schwieriges Problem, ich weiß eigentlich gar nicht, wie ich es erzählen soll.

10. Ich habe entdeckt, daß mein Mann schon seit zwei Jahren ein Verhältnis mit seiner Sekretärin hat. Was sagen Sie dazu?

11. Herr Doktor, sagen Sie mir: Muß ich sterben?

12. Für mich ist es natürlich, daß eine unglücklich verheiratete Frau mit einem anderen Mann geht. Ich sage das, obwohl ich mich für Christus engagiere.

13. Ich kann nicht verstehen, daß Kinder leiden sollen. Ich war letzthin bei der Beerdigung einer jungen Frau, die drei Kinder hinterläßt. Der Pfarrer sagte: »Gott hat diese Mutter zu sich heimgerufen.« Das konnte ich nicht anhören, ich lief weg.

14. Was in der Bibel steht, kann mir nicht helfen.
Klientin im Krankenhaus:

15. Ich habe gerne ein Zimmer allein für mich. Ich kann nicht das Leiden anderer Menschen sehen, meines ist mir genug.

16. Klient im Krankenhaus: Ich denke, mein Verkehrsunfall ist eine Strafe. Ja, ich war in letzter Zeit übermütig und manchmal leichtsinnig. Das muß ich jetzt büßen.

17. Wenn man die Antibabypille wahllos ausgibt, werden alle Bremsen und Hemmungen niedergewalzt.

18. Ich bin 22 Jahre, ledig, und erwarte ein Kind. Am liebsten würde ich es wegmachen lassen, weil es meine Freiheit und meine Zukunft sehr einschränkt. Aber ich habe auch Bedenken gegenüber einer Abtreibung.

19. Mein Bruder ist ein besserer Schüler als ich, obwohl ich viel mehr lerne als er.

20. In meiner Klasse haben jetzt schon 12 Jungens ein Fahrrad.

21. Ich war richtig gemein zu meiner Kollegin, aber im Augenblick platzte mir einfach der Kragen.

22. Meine Eltern mischen sich immer wieder ein in meine privaten Dinge.

23. Meine Tochter läßt sich von mir gar nichts mehr sagen.

24. Meine Tochter wird morgens einfach nicht fertig. Sie bummelt so schrecklich, sie will mal dies, mal das, ich kann drängeln und mahnen, sie geht fast immer zu spät aus dem Haus und kommt öfters zu spät zur Schule.

25. Meine Frau läßt den Kindern viel zu viel Freiheit. Sie gehorchen überhaupt nicht mehr. Immer haben sie Widerworte.

26. Ob ich meinen Sohn einschulen soll? Er wäre ja schulpflichtig, aber er ist ja noch so klein und hängt so an mir. Ob er die Schule wohl schaffen wird? Mein Kinderarzt würde mir sicher bestätigen, wie anfällig mein Peter ist. Aber was wird da meine Nachbarin sagen? Sie schickt ihre Sabine schon vorzeitig in die Schule. Aber Mädchen sind wohl weiter als Jungen. Was würden Sie mir raten?

27. Heute ist Sabine wieder völlig durcheinander. Gestern war sie bei meinem geschiedenen Mann, und der hat sie wieder so aufgehetzt gegen mich, daß sie ganz aufsässig ist. Ich tu' doch alles, was ich kann, aber er und seine neue Frau können mich nur schlecht machen. Und dabei habe ich mich jahrelang für ihn abgeplagt. Nie hat er sich um das Kind gekümmert, aber jetzt drängt er, daß ja die Besuchszeiten eingehalten werden.

28. Wenn meine Andrea vom Spielen nach oben kommt, sieht sie aus wie ein kleines Ferkel. Alles, aber auch alles ist dreckig. Sie können sich das nicht vorstellen! Nicht, daß ich die Arbeit mit dem Waschen scheue, weiß Gott nicht, ich schaffe von früh bis spät im Haushalt, aber manchmal glaube ich, daß sie sich mir zum Trotz nur so schmutzig macht. Ich bin ja nicht für's Prügeln, aber wenn Sie das Tag für Tag erleben, kann einem mal der Geduldfaden reißen. Finden Sie nicht auch, daß ein 5jähriges Mädchen schon etwas auf seine Kleidung achten müßte?

29. In zwei Wochen endet die nervliche Zerreißprobe, die darin besteht, daß ich angesichts der finsteren, strengen Frömmigkeit meines Mannes mein Kind erziehen muß: Mein Sohn verläßt das Elternhaus, um zu studieren.

30. Meine Tante wohnt in meinem Haus und macht mir und meiner Familie das Leben schwer, ein fünfjähriger schwerer und böser Kampf. Meine Tante ist gemütskrank, ist also für ihr Verhalten nicht voll verantwortlich.

31. Ich bin zum zweiten Mal verheiratet. Meine 18jährige Tochter traf kürzlich wieder ihren Vater. Erst war sie von ihm begeistert, dann enttäuscht und verstört, weil er sie anlog. Sie litt unsagbar und konnte sich in der Schule kaum mehr konzentrieren. In mir rief dieses Geschehen viele alte Erinnerungen wach.

32. Weil ich ein uneheliches Kind habe, sind mir meine Angehörigen bisher immer mit Verachtung, Demütigung und Ablehnung begegnet. Nach vielen Jahren geschah nun plötzlich etwas anderes: Als ich ganz am Ende war, hat man mir geholfen, ohne Vorwurf und ohne Gegenleistung.

33. Ich bin 44 Jahre alt und seit drei Jahren mit einem Mann ziemlich eng verbunden. Ich weiß, daß er letztlich einen Psychiater braucht, nicht eine Frau. Er ist gefangen in Trotz und Verzweiflung gegenüber seiner Vergangenheit. Ich möchte noch ein letztes Gespräch mit ihm haben und mich dann von ihm trennen. Aber wer kümmert sich dann um ihn?

34. Wissen Sie einen Rat, um einer beinahe pausenlosen inneren Verzweiflung, daneben einer ständigen Angst Herr zu werden?

35. Es fällt mir sehr schwer, mich jemandem anzuvertrauen, besonders einen Menschen um Rat und Hilfe zu bitten.

36. Von morgens bis spät in die Nacht, in der Arbeit und im Privatleben lebe ich in einer pausenlosen Anspannung, unter einem ständigen seelischen Druck.

37. Ich habe Angst vor allen Menschen, Angst vor jedem neuen Tag, Angst vor der Zukunft. Zugleich empfinde ich einen großen Haß gegen alle Menschen, am meisten gegen mich selbst. Deshalb mache ich mir große Vorwürfe.

38. Ununterbrochen grüble ich über alles mögliche nach, zerlege jeden einzelnen Gedanken in kleinste Teilchen und bringe zu guter Letzt keinen Zusammenhang, keine Klarheit mehr in mein Denken hinein.

39. Obwohl ich die Menschen ablehne, wünschte ich mir andererseits oft, ich dürfte in ihrer Gemeinschaft mit dabei sein.

40. Ist mir wirklich mal ein Mensch sympathisch, das kommt vor, wenn auch höchst selten, dann meide ich seine Gegenwart um so mehr und zwar deshalb, da meine Ansprüche in jeder Hinsicht das normale Maß übersteigen. Ebenso fürchte ich, von demjenigen hintergangen und enttäuscht zu werden.

41. Mir bangt davor, wenn die Angst und die Verzweiflung weiterhin so auf mich einschlägt, müsse ich eines Tages verrückt werden. Nein, so weit darf es nicht kommen. Lieber mache ich vorher mit dem Leben Schluß.

42. Ich mache mir Vorwürfe, daß ich so egoistisch, so ichbezogen bin, daß ich so viel über mein Leben, über die Vergangenheit und die Zukunft nachdenken muß.

43. Es macht mich so traurig, daß ich plötzlich auch gegen die mir anvertrauten Kinder feindselige Gefühle habe. Allerdings habe ich mich da sehr in der Gewalt, überspiele mit äußerster Energie meine Empfindungen den Kindern gegenüber, bin deshalb nicht grausam zu ihnen.

44. Auch den anderen Menschen gegenüber spiele ich ein falsches Spiel, bin zu ihnen übermäßig freundlich und widerspreche niemandem. Diese ewigen Lügen, dieses Schauspielen, mein scheinheiliges Wesen läßt mein Gewissen bald nicht mehr zu.

45. Es ist in mir alles so festgefahren, so versteinert. Wenn ich wenigstens weinen könnte, das wäre etwas erlösend.

46. Meine jetzige Umgebung darf unter keinen Umständen erfahren, daß ich mich elend fühle. Bitte raten Sie mir, was soll ich nur tun?

47. Obwohl mein Mann um 17 Uhr Dienstschluß hat, kehrt er meist erst zwischen 20 und 22 Uhr heim; in der Regel sagt er mir nicht, wo er sich aufhält – unehrenhaft dürfte es allerdings nicht sein. Ich bekomme genügend Wirtschaftsgeld und zu den Festen schöne Geschenke, aber ich erfahre von ihm nicht, wieviel Gehalt er bekommt und was er zum Beispiel für seine große Briefmarkensammlung ausgibt; vor wenigen Wochen kaufte er ohne mein Wissen ein Auto. Ich mache für ihn einige Schreibarbeiten, aber er rührt für Haus und Garten keinen Finger.

48. Mir geht das modische Gerede von der partnerschaftlichen Ehe auf die Nerven. Ich sehe hier viele Nachteile und Gefahren. Ich jedenfalls führe eine gute Ehe und lebe ganz glücklich, ohne viel von Partnerschaft zu wissen – dasselbe gilt für meine Eltern und meine Schwiegereltern. In meiner ersten

Ehe und nun in der zweiten gibt es feste Ordnungen und Verhaltensweisen, an die man sich halten kann. In den partnerschaftlich aufgezogenen Ehen ist alles so unsicher, da wird dauernd diskutiert und verändert, und wenn man sich nicht einigen kann, geht man auseinander: Spricht nicht die hohe Scheidungsziffer eindeutig gegen die neuen Eheformen? Ich jedenfalls vertraue auf die alten göttlichen Formen und Normen.

49. Und dann habe ich schon wieder Angst vor morgen. Warum? Und man sagt mir dauernd: »Sie brauchen keine Angst zu haben, Sie können es!« Ja meine Güte, man sagt mir das, aber – ich weiß nicht . . .[15].

50. Ich möchte ganz gern aus dieser – wenn man dieses Wort gebraucht – Masse, aus der möchte ich schon hinausragen oder auffallen. Ich möchte nicht so sein, wie andere sind. Und das kommt vor allem bei Gesprächen hervor; ich vertrete da meistens immer ganz merkwürdige und gegensätzliche Meinungen, die nicht mehr so populär sind. Aber – ich bin doch irgendwie stolz, daß ich eben diese Meinung vertreten kann, weil ich dann zeigen kann, daß ich anders bin als andere[16].

---

[15] *Tausch,* Gesprächspsychotherapie, 1970[4], 88
[16] ebenda

9. Kapitel

Aktives Bemühen und Suchen[1]

1. Lernimpuls

Innerhalb der therapeutischen Funktion bemühe ich mich aktiv um den Klienten, indem ich mich in seine Situation und Person hinein versetze, ihn zu verstehen trachte und gemeinsam mit ihm nach Lösungen suche.
Anmerkung:

2. Begründung

Passives Therapeutenverhalten würde lähmend und frustrierend auf den Klienten wirken. Aktives Bemühen zeigt ihm, daß der Therapeut sich intensiv mit ihm befaßt.

Wenn der Therapeut sich bemühend und suchend dem Klienten und seinen emotionalen Erlebnissen zuwendet, so wirkt das im Sinne des Imitationslernens ansteckend: Der Klient wird darin bestärkt, aktiv zu werden, seine innere Erlebniswelt zu untersuchen und nach Lösungen zu suchen. Durch das Bemühen und Suchen des Therapeuten wird das eigenständige Bemühen und Suchen des Klienten gefördert.
Ergänzung:

3. Kritische Reflexion

Bei einem stark ausgeprägten Bemühen und Suchen des Therapeuten gibt es Gefahrenherde:
1. Der Klient kann sich zurückgesetzt und entmutigt fühlen, weil er nicht so viel Aktivität aufbringen kann.
2. Der Klient kann sich in die Konsumhaltung zurückziehen. Der Therapeut muß also ständig beachten, wie sein Aktivwerden auf den Klienten wirkt und welches Ausmaß an Bemühen und Suchen im Einzelfall angebracht ist.
3. Der Therapeut kann Tendenzen zum Monologisieren, Interpretieren usw. entwickeln.
Ergänzung:

4. Konkretion

1. Ich hüte mich vor allen Gefahren und Lastern der Gesprächsführung[2].
2. Ich bemühe mich um ein hohes Ausmaß an unbedingtem Annehmen und Wertschätzen[2].

---

[1] vgl. *Tausch,* Gesprächspsychotherapie, 1970[4], 281; 1973[5], 302
[2] vgl. das entsprechende Kapitel innerhalb dieses Buches

3. Ich bemühe mich, die spiegelnde Methode in großem Ausmaß zu praktizieren. Ich verbalisiere z. B. exakt, konkret und häufig; mein Suchen zeigt sich u. a. darin, daß ich die Wünsche und Interessen des Klienten spiegele[2].

4. Ich mühe mich um ein hohes Ausmaß an Echtheit und Selbstkongruenz[2].

5. Ich unterstütze die Selbstexploration des Klienten[2].

6. Ich mühe mich um Anpassung im Sprachniveau[2].

7. Ich prüfe, wo der Klient offen für Hoffnung und Mut sein kann[2].

Ergänzung:

5. Praktische Übung

Bitte verwenden Sie praktische Übungen, die im Kapitel »Spiegelnde Methode« angeführt sind.

Ergänzung:

10. Kapitel

Selbstexploration des Klienten[1]

1. Lernimpuls

»Unter ›Selbstexploration‹ soll verstanden werden, daß der Klient über sich selbst, besonders über seine spezifisch persönlichen inneren Erlebnisse spricht, sich über sie klarer wird oder daß er sich wenigstens deutlich um Klärung bemüht«[2]. Ein hohes Ausmaß an Selbstexploration (Selbsterkundung) hat der Klient, der intensiv spricht von seinen Gefühlen, seinen Interessen und Wünschen, seinen »gefühlsmäßigen Bewertungen seiner Umwelt, seines eigenen Verhaltens und Erlebens«[3].

Empirische Untersuchungen haben ergeben, daß eine stark ausgeprägte Selbstexploration eng damit zusammenhängt, daß sich der Klient konstruktiv und positiv verändert[4]. Als logische Folge dieses Tatbestands ergibt sich:

2. Konkretion

1. Der Therapeut achtet aufmerksam darauf, inwieweit sich der Klient selber exploriert; schon die ersten Gespräche geben darüber Aufschluß[5].

2. Die Aktivität des Therapeuten (sein unbedingtes Annehmen und Wertschätzen, sein Verbalisieren, sein aktives Bemühen und Suchen) gilt den Selbstexplorationen des Klienten und verstärkt sie. In dieser Weise bietet der Therapeut Hilfe zur Selbsthilfe.

3. Was Selbstexploration des Klienten im einzelnen bedeutet und wie sie sich einstufen läßt, zeigen die zwei folgenden Einschätzungsskalen:

Skala I zur Einschätzung der Selbstexploration des Klienten[6]

Stufe 1: Der Klient spricht nicht über persönlich bedeutsame Inhalte, entweder weil er keine Gelegenheit dazu hat, oder weil er aktiv das Gespräch darüber vermeidet, auch wenn ihm das vom Psychotherapeuten nahegelegt wird.

Stufe 2: Der Klient geht auf die persönlich bedeutsamen Inhalte ein, die der Psychotherapeut ihm zuführt, aber er macht es nur mechanisch und ohne wirkliche Gefühle zu zeigen.

Stufe 3: Der Klient bringt das Gespräch von sich aus auf persönlich bedeutsame Inhalte, aber er macht es mechanisch und ohne Ausdruck echter Gefühle.

Stufe 4: Der Klient ist deutlich aktiv und spontan bemüht, neue Gefühle zu erfahren und Erfahrungen über sich und seine Umwelt zu machen.

---

[1] Dieses Kapitel handelt vom Verhalten des Klienten innerhalb des therapeutischen Prozesses, während alle anderen Kapitel um das Verhalten des Therapeuten kreisen. Von der Selbstexploration des Klienten muß hier gesprochen werden, weil sie in engem Zusammenhang mit dem Verhalten des Gesprächspsychotherapeuten steht.
[2] *Tausch*, Gesprächspsychotherapie, 1970[4], 243   [3] ebenda
[4] *Tausch*, Gesprächspsychotherapie, 1973[5], 286 f   [5] a. a. O., 289
[6] *R. R. Carkhuff*, Helping and human relations, Vol. II, New York 1969, 327 f; zitiert nach *Tausch*, Gesprächspsychotherapie, 1973[5], 288

Skala II zur Einschätzung der Selbstexploration des Klienten*

	ja, ganz genau +3	ja +2	eher ja +1	eher im Ge- genteil −1	im Ge- genteil −2	ganz im Ge- genteil −3
a) Klient setzt sich intensiv mit seinem Erleben und seinen Einstellungen auseinander						
b) Klient geht bei seinen Äußerungen innerlich mit						
c) Klient nimmt gegenüber seinen Gefühlen eine akzeptierende Haltung ein						
d) Klient spricht überwiegend über sein gefühlsmäßiges Erleben						
e) Klient äußert sich differenziert über sein gefühlsmäßiges Erleben, über sich selbst und seine gefühlsmäßigen Beziehungen zur Umwelt						
	+3	+2	+1	−1	−2	−3

3. Praktische Übungen

Bitte stufen Sie anhand der angeführten Einschätzungsskalen die Selbstexploration von Klienten ein. Als Material können Sie verwenden:

a) die Gesprächsprotokolle des Kapitels »Einführung in die Praxis der Gesprächspsychotherapie«,

b) die Gesprächsausschnitte sowie die einzelnen Klientenäußerungen des Kapitels »Spiegelnde Methode«,

c) Tonbandaufzeichnungen von Rollenspielen,

d) Tonbandaufzeichnungen von therapeutischen Gesprächen, die Sie selber führten.

---

* T a u s c h , Gesprächspsychotherapie, 1973[5], 287, nach E c k e r t und S c h w a r t z , Diss. Univ. Hamburg 1972; hier leicht verändert und gekürzt wiedergegeben.

11. Kapitel

Echtheit und Selbstkongruenz

1. Lernimpuls

Als Therapeut und Berater, Sozialpädagoge und Seelsorger verfüge ich über ein hohes Ausmaß an »Echtheit und Selbstkongruenz«[1], d. h. mein ganzes Verhalten ist in sich echt und wahr, ich befinde mich in Übereinstimmung (Identität) mit mir selber (Kongruenz = Deckungsgleichheit). Ich nehme mich selber an als der, der ich bin und immer mehr werden soll. Anders ausgedrückt: Ich verleugne mich nicht selber, ich vermeide ein schauspielerhaftes, fassadenhaftes Verhalten, meine Äußerungen gegenüber dem Klienten entspringen nicht einer professionellen Routine.
Ergänzung:

2. Begründung

1. Wenn ich mich nicht echt und selbstkongruent verhalte, täusche ich den Klienten und mich selber. Das wird im Gespräch sichtbar und spürbar. Der Klient kann mir dann mein Verhalten (Zuhören, Akzeptieren, Verbalisieren, Suchen nach Lösungen) nicht abnehmen. Ohne Echtheit und Identität fühle ich mich unglaubwürdig und unsicher. Die Beziehung zwischen Therapeut und Klient leidet, echte Interaktionen werden unmöglich.
2. Um dem Klienten echtes, selbstkongruentes Sein und Sprechen zu ermöglichen, muß ich diese Eigenschaften selber praktizieren. Er kann schwerlich echt sein und werden, wenn ich ihm das Gegenteil vorlebe.
3. Verschiedene empirische Untersuchungen zeigen, daß konstruktive Änderungen des Klienten (z. B. seine Selbstexploration) in engem Zusammenhang stehen mit der Echtheit und Identität des Therapeuten[2].
Ergänzung:

3. Kritische Reflexion

Daß Echtheit und Selbstkongruenz zum Teil schwer zu erreichen sind, dürfte jeder Therapeut innerhalb seiner Ausbildung und Praxis merken. Es kann sich zum Beispiel herausstellen, daß er sich einige Lernziele dieses Lehrbuchs nicht oder nicht ganz einverleiben kann, so daß sie nicht zu einem frei verfügbaren Habitus werden. Zur Echtheit und Identität gehört es dann, diese Begrenztheiten deutlich zu sehen und also nicht zu überspielen.

Können Echtheit und Selbstkongruenz schon innerhalb des therapeutischen Verhaltens ein Problem sein, so gilt das erst recht angesichts der Tatsache, daß es zu einer echten Übereinstimmung zwischen therapeutischem und »ge-

---

[1] *Tausch*, Gesprächspsychotherapie, 1970[4], 126 ff
[2] *Tausch*, Gesprächspsychotherapie, 1970[4], 130–132

samtmenschlichem« Verhalten kommen soll. Es kann beispielsweise leicht zu einem Konflikt zwischen »beruflichem« und »privatem« Verhalten kommen: Inwieweit lebt der Therapeut auch in der Begegnung mit Nichtklienten (Verwandten, Freunden, Kollegen) nach therapeutischen Maßstäben? Inwieweit bringt er seine »privaten« Eigenarten in die Begegnung mit Klienten ein? Schlüpft er je nach Situation in verschiedene Rollen? Hat er ständig eine einzige Rolle inne? Ziel ist es, die verschiedenen Rollen (als Therapeut, Familienvater, Staatsbürger, Konfessionsangehöriger usw.) zu integrieren.
Ergänzung:

4. Konkretion

1. Ich bin mir meiner Denk- und Gefühlswelt, meiner Stärken und Schwächen weitestgehend bewußt. Ich verdränge meine persönliche Eigenart nicht, sondern bin ich selbst und werde immer mehr ich selbst, finde zu einer Gesamtpersönlichkeit, die die private und berufliche Existenz umfaßt und zur Deckung bringt. Dazu bedarf es einer ständigen Selbstwahrnehmung und Selbstkontrolle sowie psychohygienischer Maßnahmen (vgl. das Kapitel »Von Selbstwahrnehmung und Selbstkontrolle«).

2. Mein therapeutisches Verhalten ist echt und aufrichtig. Ich stehe also mit meiner ganzen Person dahinter, wenn ich beispielsweise nach Methoden der Gesprächspsychotherapie arbeite, wenn ich also den Klienten unbedingt annehme, seine emotionalen Erlebnisinhalte spiegele und mich aktiv um ihn bemühe. Ich verhalte mich nicht fassadenhaft oder mit berufsmäßiger Routine.

3. Ich muß nicht alle Gedanken und Gefühle äußern, die ich innerhalb des therapeutischen Prozesses habe (insbesondere gilt das für sporadisch auftretende Gefühle), aber soweit ich sie äußere, sind sie echt.

4. Ich achte darauf, daß ich Echtheit und Selbstkongruenz nicht auf Kosten des Klienten praktiziere, daß ich ihn damit also nicht bedränge und einenge. Andererseits bin ich in meinen selbstkongruenten Äußerungen auch nicht allzu ängstlich: Für den Klienten darf deutlich werden, daß ich Selbstkongruenz habe und nicht »Gummiwand« oder »Gummipuppe« bin; außerdem darf der Klient spüren, daß ich manche Dinge nicht weiß und nicht kann, denn Perfektheit (falls es sie gibt) kann auf ihn entmutigend und isolierend wirken.

5. Wo immer ich mich im Sinne der Echtheit und Selbstkongruenz äußere (z. B. zu der Beziehung zwischen dem Klienten und mir, zu meinen Gefühlen gegenüber ihm), spreche ich das mit emotionaler Wärme als mein subjektives Erleben aus, so daß dem Klienten Freiheit für sein eigenes subjektives Erleben bleibt. Auf diese Weise kommt es nicht zu einer Einengung des Klienten.

6. Ich rechne damit, daß es mir in der Begegnung mit manchen Klienten und

Problemstellungen sehr schwer fällt, echt und selbstkongruent zu sein (Beispiele: Wenn ich ein hohes Maß an Sympathie oder Antipathie verspüre, oder wenn der Klient mir eine bestimmte Rolle aufdrängen möchte). Drei Lösungsmöglichkeiten bieten sich an:

a) Ich spreche darüber mit dem Klienten (Vorsicht vor Überforderung),

b) Ich spreche darüber mit einem Kollegen oder innerhalb einer Fallbesprechungsgruppe,

c) Ich überweise den Klienten an einen Kollegen (auch das kann in klientenzentrierter Form geschehen).

Ergänzung:

5. Praktische Übungen

1. Lesen Sie bitte kritisch die nachstehende Einschätzungsskala zur Echtheit und Selbstkongruenz[3]. Versuchen Sie, sich selber anhand dieser Skala einzuschätzen im Blick auf Ihr therapeutisches Verhalten im Einzelgespräch; bitte verwenden Sie Tonbandaufzeichnungen (von Einzelgesprächen oder Rollenspielen). Prüfen Sie, ob Sie von Mitgliedern Ihrer Lerngruppe oder Ihrem Supervisor ähnlich eingeschätzt werden – andere Menschen können natürlich nur einschätzen, wie Ihr Verhalten auf sie wirkt, nicht aber, ob Sie wirklich echt oder unecht sind.

Einschätzungsskala zur Echtheit und Selbstkongruenz

Stufe 1: Der Psychotherapeut ist bei der Interaktion klar in der Defensive; eine beträchtliche Diskrepanz zwischen seinem bewußten Erleben und seinen fortlaufenden Verbalisierungen ist evident. So zeigt etwa der Psychotherapeut offensichtliche Gegensätzlichkeiten im Inhalt seiner Äußerungen, oder solche Gegensätzlichkeiten sind offensichtlich impliziert im Inhalt seiner Äußerungen oder in der Art seines Sprechens. Oder der Psychotherapeut ist gegensätzlich im Inhalt seiner Äußerungen und in seinen Stimmqualitäten oder seinem nichtverbalen Ausdruck; der aufgeregte Psychotherapeut z. B. stellt mit gespannter Stimme fest, daß er durch den ärgerlichen Gefühlsausbruch des Klienten nicht beunruhigt ist.

Stufe 2: Der Psychotherapeut äußert sich angemessen, aber eher in einer professionellen als in einer persönlichen Art, so daß man den Eindruck erhält, daß seine Äußerungen getätigt werden, weil sie von einer gewissen distanzierten Sicht aus gut klingen; aber sie drücken nicht das aus, was der Psychotherapeut wirklich fühlt oder meint. Es ist eine gewisse geplante oder vortragende Qualität oder ein gewisses Klima von Professionalismus, von berufsmäßigem Gehabe vorhanden.

Stufe 3: Der Psychotherapeut ist implizit entweder defensiv oder professionell, obwohl keine explizite Evidenz gegeben ist.

---

[3] Die Skala stammt von *Truax* und wird gemäß der Übersetzung von *Tausch* zitiert: *Tausch*, Gesprächspsychotherapie, 1970[4], 130

Stufe 4: Es ist weder implizit noch explizit eine Evidenz für defensives Verhalten oder die Gegenwart einer Fassade vorhanden. Der Psychotherapeut stellt keine Selbst-Inkongruenz zur Schau.

Stufe 5: Der Psychotherapeut ist in freier und tiefer Weise in dem Beziehungsverhältnis er selbst. Er ist offen für Erfahrungen und Gefühle aller Arten, sowohl erfreulicher wie verletzender Natur, ohne Spuren von Verteidigung oder Rückzug in Professionalismus. Es mögen gegensätzliche Gefühle da sein, aber diese werden akzeptiert oder erkannt. Der Psychotherapeut ist klar er selbst in allen seinen Äußerungen, ob diese Äußerungen nun persönlich bedeutungsvoll oder schlicht sind. Es ist nicht nötig, daß der Psychotherapeut auf dieser Stufe persönliche Gefühle ausdrückt. Aber es ist klar, wann immer er einfühlendes Verstehen kommuniziert ... oder an Erfahrungen teil hat, daß er in hohem Maße er selbst ist, so daß seine Äußerungen mit seinem inneren Erleben zusammenfallen.

2. Bitte stellen Sie sich folgende Fragen: Inwieweit gibt es bei mir in der Begegnung mit dem Lernstoff dieses Buches Echtheit und Selbstkongruenz? Welchen Lernstoff kann ich schwer in Übereinstimmung bringen mit meinem Ich?
Inwieweit bin ich echt und selbstkongruent innerhalb meiner Lerngruppe (oder in anderen Gruppen)? Gebe ich mich äußerlich so, wie ich innerlich bin und fühle (Beispiele: Kann ich zugeben, daß ich jemand nicht leiden mag, oder daß ich bestimmte Schwächen habe)? Gehe ich so aus mir heraus, daß meine Person für andere transparent wird, oder neige ich eher zum Versteckspiel? Kann ich ganz auf die Gruppe (ein einzelnes Gruppenmitglied) zentriert sein und gleichzeitig echte Selbstkongruenz haben?
Nach Möglichkeit diskutieren Sie bitte diese Fragen in Ihrer Lerngruppe und geben sich gegenseitig ein Feedback.

3. Lesen Sie im Kapitel »Von Selbstwahrnehmung und Selbstkontrolle« die Abschnitte »Konkretion« und »Praktische Übungen« und handeln Sie bitte entsprechend.

12. Kapitel

Zur Kontrolle des Verhaltens innerhalb der Gesprächspsychotherapie

Anhand von Tonbandaufzeichnungen (Aufnahmen von echten therapeutischen Gesprächen oder von Rollenspielen) läßt sich das Verhalten eines Therapeuten (Sozialpädagogen, Seelsorgers, Erziehers, Beraters, Arztes) am zuverlässigsten analysieren, kontrollieren und verbessern. Das Arbeiten mit dem Tonband gehört unabdingbar zur therapeutischen Tätigkeit und muß regelmäßig stattfinden, und zwar in doppelter Form:

a) Eigenkontrolle: Der Therapeut hört regelmäßig alleine für sich Ausschnitte der Tonbandaufzeichnungen seiner Gespräche ab und analysiert sie.

b) Fremdkontrolle: Der Therapeut führt Ausschnitte seiner Tonbandaufnahmen einem anerkannten Supervisor oder einem Kollegenkreis (Arbeitsgruppe für Gesprächspsychotherapie) vor und erhält so ein Feedback von außen. Die Fremdkontrolle geschieht nach Methoden der klientenzentrierten Gesprächspsychotherapie. Stellen sich bei der Kontrolle des therapeutischen Verhaltens Lücken und Schwächen heraus, dann empfiehlt es sich, diejenigen Kapitel dieses Buches nachzuarbeiten, die von dieser Problematik handeln.

Zur Kontrolle des therapeutischen Verhaltens können benutzt werden:

1. Klientenbegleitbogen[1],
2. Beurteilungsbogen für Psychologische Gespräche[2],
3. Therapeuten-Erfahrungsbogen[3].

Im Sinne der Gegenkontrolle ist es nötig, daß der Therapeut regelmäßig von seinem Klienten folgende Fragebogen ausfüllen läßt:

4. Klienten-Erfahrungsbogen[4],
5. Einschätzungsbogen des Psychotherapeutenverhaltens durch den Klienten[5].

Auf den folgenden Seiten werden diese fünf Einschätzungsbogen vorgeführt.

---

[1] Arbeitsmaterial beim »Kurs II in Gesprächspsychotherapie« in Heidelberg, März 1973

[2] Skalen von: *Truax* (*Rogers, Gendlin, Kiesler, Truax* 1967, revis. von *Tausch, Fittkau, Minsel,* 1969) und von *Minsel, Peters* und *Tausch* (1970)

[3] *Eckert* und *Schwartz,* Psycholog. Institut der Universität Hamburg, vgl. »Informationsblätter der Gesellschaft für wissenschaftliche Gesprächspsychotherapie«, Nr. 5, 1971

[4] *Tausch,* Gesprächspsychotherapie, 1973[5], 284 f

[5] *Tausch,* a. a. O., 303 f

Klientenbegleitbogen

Name des Therapeuten: ....

Name des Klienten: ....

Tragen Sie bitte nach jedem Gespräch die folgenden Angaben in das Schema ein:

Nr.: Laufende Nummer des Kontakts

Datum: Datum des Kontakts

TAQ: Qualität der Tonaufnahme. Benutzen Sie bitte folgende Skala:

1	2	3	4	5	6	7
ausgezeichnet		mit Anstrengung verständlich			unverständlich	

AG: Kontakte, die Sie ausschnittweise in einer Arbeitsgruppe vorgeführt haben, kennzeichnen Sie mit #: Bitte fügen Sie einen Beurteilungsbogen (s. Anlage) bei, auf dem Sie die gemittelten Urteile, die Sie erhalten haben, wiedergeben. Außerdem notieren Sie bitte auf der Rückseite dieses Bogens die Namen der Teilnehmer, Ort und Zeit der Arbeitsgruppe.

EK: Eigenkontrolle. Für jeden Kontakt stufen Sie sich selber auf den Skalen des Beurteilungsbogens ein und tragen diese Werte in der Reihenfolge der Skalen auf dem Begleitbogen ein. Grundlage der Einschätzungen sind zwei 5-Minuten-Stichproben. Die Werte für die zweite Stichprobe tragen Sie bitte rot ein.

Nr.	Datum	TAQ	AG	EK								
				a	b	c	d	e	f	g	h	i

98

Beurteilungsbogen für Psychologische Gespräche

(a) Innere Anteilnahme – Wertschätzung – emot. Wärme des Psychologen

1	2	3	4	5	6	7
sehr wenig	wenig	einige	eher viel als wenig	viel	starke	sehr starke

(b) Bemühen, Aktivität, Suchen, Nachdenken, Sich-Anstrengen des Psychol.

1	2	3	4	5	6	7

(c) Verbalisierung emot. Erlebnisinhalte des Klienten durch den Psychol.

1–2	3–4	5–6	7–8	9–10	11–12
Belehrungen, Bewertungen u. a.	äußere Sachverhalte	nebensächl. Erlebnis- inhalte	ein Teil wes. Erleb- nisinhalte	überwieg. Teil wes. Erlebnis- inhalte	alle wes. Er- lebnisinh., genaue Form

(d) Konkrete Zuwendung zu gefühlsmäßigen Erlebnisinhalten des Klienten in Psychologenäußerungen

1	2	3	4	5	6	7

(e) Selbstexploration des Klienten

1	2	3	4	5	6	7	8	9
Nichts von sich selbst, nur äuß. Sachverhalte		äuß. Sachverh. u. eig. Verhalt. ohne innere Erlebnisinhalte		eigen. Verhalt. oder äuß. Vorgänge u. innere Erl.		überw. innere Erlebnis- inhalte	wie 7 u. Suchen von Aspekten u. Zusam- menhängen	wie 7 u. Finden von Aspek- ten u. Zu- sammen- hängen

(f) Häufigkeit des Sprechens des Klienten

1	2	3	4	5
Klient redet sehr wenig von allein				Klient redet flüssig und viel von sich aus

(g) Häufigkeit des Wechsels im Gespräch Klient–Psychologe

1	2	3	4	5
Kein Wechsel, Kl. redet fortwährend ohne / mit Pausen, Ps. schweigt				sehr starker Wechsel; auf 1–2 Sätze d. Kl. 1–2 Sätze des Ps.

(h) Geschätztes Outcome (0 = keine Änderung, 10 = sehr starke konstr. Änd.)

(i) Weitere Hilfen und Stellungnahmen für den Psychologen

Therapeuten-Erfahrungsbogen

Therapeut: .... Klient: ....

Insgesamt ....ter Kontakt am .... 19.............

Bitte beantworten Sie die folgenden Fragen unmittelbar im Anschluß an das heutige Gespräch mit Ihrem Klienten

	ja, ganz genau	ja	eher ja	eher im Ge-genteil	im Ge-genteil	ganz im Ge-genteil
1. Nach dieser Stunde fühle ich mich unbefriedigt						
2. Das Gespräch heute drehte sich oft um dieselben Inhalte						
3. Ich spürte, daß der Klient mir, bzw. dieser Form der Psychotherapie vertrauensvoll gegenüberstand						
4. Die Haltung des Klienten mir gegenüber hat mich in meinem Verhalten verunsichert						
5. Ich hatte das Gefühl, daß der Klient sich in seinen Einstellungen und Gefühlen sehr leicht beeinflussen ließ						
6. Ich fühlte mich in der Beziehung zum Klienten sehr frei, wenig gezwungen und verhielt mich recht natürlich						
7. Ich war heute so engagiert, daß ich mich wunderte, wie schnell die Zeit verging						
8. Ich habe heute vom Klienten für meine Äußerungen oft Bestätigung erhalten						
9. Nach diesem Gespräch bin ich bezüglich des Therapieausgangs eigentlich recht optimistisch						

100

	ja ganz genau	ja	eher ja	eher im Gegenteil	im Gegenteil	ganz im Gegenteil
10. Ich hatte heute das Gefühl, daß der Klient noch mit etwas »hinter dem Berge zurück- hielt«						
11. Ich fühlte mich dem Klienten irgendwie unterlegen						
12. Ich hatte den Eindruck, daß der Klient heute wenig vor- angekommen ist						
13. Es fiel mir heute schwer, die Äußerungen des Klienten an- gemessen zu reflektieren						

Wenn in Richtung »ja« beantwortet: Warum?
(Schildern Sie bitte kurz die Gründe, die Ihrem Eindruck nach wesentlich waren):

101

Klienten-Erfahrungsbogen

Code .... Name ....

Insgesamt ....tes psychotherapeutisches Gespräch am .... 19.........

Psychotherapeut in diesem Gespräch ....

Bitte beantworten Sie die folgenden Fragen zum heutigen psychotherapeutischen Gespräch — möglichst noch heute

	ja, ganz genau	ja	eher ja	eher im Gegenteil	im Gegenteil	ganz im Gegenteil
1. Pausen während unseres Gespräches haben mich belastet						
2. Während des Gespräches — und auch jetzt noch — fühlte ich mich körperlich entspannt						
3. Durch die Zurückhaltung des Psychotherapeuten fühlte ich mich verunsichert						
4. Im heutigen Gespräch erschienen mir einige meiner Probleme in neuem Licht						
5. Nach dem heutigen Gespräch bin ich innerlich irgendwie ruhiger geworden						
6. Ich fühlte mich gehemmt, dem Therapeuten alles zu sagen, was mich beschäftigte						
7. Es fiel mir heute schwer, meine Empfindungen und Gedanken in Worte zu fassen						
8. Ich sehe nach dieser Stunde dem kommenden Tag zuversichtlicher entgegen						
9. So wie das Gespräch heute lief, hat es mich nicht befriedigt						

	ja, ganz genau	ja	eher ja	eher im Gegenteil	im Gegenteil	ganz im Gegenteil
10. Nach dieser Stunde bin ich eigentlich optimistischer, was die Lösung meiner Probleme angeht						
11. Unser Gespräch war so intensiv, daß ich mich jetzt erschöpft fühle						
12. Heute sind wir irgendwie weitergekommen						
13. Nach diesem Gespräch fühle ich mich belasteter als in den Stunden vor dem Gespräch						
14. Ich habe durch dieses Gespräch mehr Vertrauen zu mir selbst gewonnen						

103

Einschätzungsbogen des Psychotherapeutenverhaltens durch den Klienten

Code .... Name ....

Insgesamt ....tes Psychotherapeutisches Gespräch am .... 19......

Name des Psychotherapeuten ....

Bitte beurteilen Sie die folgenden Fragen zum heutigen psychotherapeutischen Gespräch — möglichst noch heute

	ja, sehr	ja, etwas	nein	nein, sehr
1. Therapeut war freundlich und voller Wärme zu mir				
2. In unserer Beziehung war zuviel Abstand und Distanz				
3. Therapeut behandelte mich mit Achtung und respektierte mich als Person				
4. Therapeut verstand, was ich meinte und fühlte				
5. Ich fühlte, daß der Therapeut eine Rolle vor mir spielte				
6. Therapeut war passiv und bemühte sich nicht genug				
7. Ich fühlte, daß der Therapeut mich nicht anerkennt und meine ganze Art nicht billigt				
8. Mit der Art, wie der Therapeut meine Probleme betrachtete und auf sie reagierte, war ich zufrieden				
9. Die Gefühle des Therapeuten mir gegenüber waren gleichbleibend, gleich was ich sagte				

	ja, sehr	ja, etwas	nein	nein, sehr
10. Seine eigene Haltung zu den Dingen, die ich sagte oder tat, hinderte den Therapeuten daran, mich zu verstehen				
11. Therapeut verstellte sich nicht in seinen Gefühlen				
12. Was ich auch von mir erzählte, die Gefühle des Therapeuten mir gegenüber änderten sich nicht				
13. Therapeut reagierte auf mich so berufsmäßig und schablonenhaft, daß ich nicht wirklich zu ihm durchdrang				

II. Teil
Weitere wichtige Wege zum helfenden Gespräch

Vorbemerkungen zu den Lerninhalten und Lernmethoden

Zu den Lerninhalten

Während der I. Teil dieses Lehrbuchs Voraussetzungen und Basisverhalten der Gesprächspsychotherapie darstellt, bringt der II. Teil einige allgemeine Ergänzungen sowie spezielle Erweiterungen. Im Rahmen der Gesprächspsychotherapie werden einige wichtige Ergebnisse aus Kommunikationspsychologie und Tiefenpsychologie genannt (einen ersten Überblick bietet das Inhaltsverzeichnis). Außerdem ist von der Bewältigung schwieriger Gesprächssituationen zu reden: Wie reagiert der Therapeut, wenn Fragen gestellt werden oder wenn Gesprächspausen entstehen, wie ist das einzelne Gespräch anzufangen und abzuschließen?

Die Kapitel des II. Teils sind kurz gefaßt, bieten also wichtige Denkanstöße und keine perfekte Darstellung. Der Lernstoff gliedert sich in klar abgegrenzte, selbständige Einheiten, die leicht zu überschauen und zu bearbeiten sind.

Im Rahmen des II. Teils können einige bedeutsame Themenkreise nicht angesprochen werden, – das Lernprogramm als Ganzes ist auf Ergänzung hin angelegt. Wer als Lehrender und Lernender mit diesem Buch arbeitet, wird aufmerksam auf Lücken achten und versuchen, sie durch eigene Initiative zu schließen.

Zu den Lernmethoden

Wie der Lernstoff der II. Teils zu bearbeiten und einzuüben ist, wird in den einzelnen Kapiteln dargestellt. Weitere wichtige Hinweise befinden sich in dem Anfangskapital dieses Buches (»Einführung in das Lernprogramm«) unter der Überschrift »Lernmethoden«; besonders wichtig ist, daß regelmäßig ein Feedback durchgeführt wird (vgl. die zwei »Einschätzungsskalen zum Lern- und Gruppenprozeß«).

Über diese Hinweise hinaus werden zu (fast) allen Kapiteln des II. Teils folgende Aufgabenstellungen empfohlen:

1. Machen Sie eine »Gezielte Momentaufnahme zur eigenen Person« (vgl. Kap. 3: »Von Selbstwahrnehmung und Selbstkontrolle«, Praktische Übung Nr. 1). Auf diese Weise kann Ihnen deutlich werden, wie Sie emotional und rational zum Lernstoff stehen und wie Sie mit ihm fertig werden.

2. Suchen Sie zu den einzelnen Lernzielen praktische Beispiele aus Ihrem eigenen Erleben. Auf diese Weise wird der Lernstoff mit Ihrer persönlichen Erfahrung konfrontiert.

3. Wenn Sie in einer Lerngruppe über den Lernstoff der einzelnen Kapitel sprechen, verhalten Sie sich weitmöglichst nach den Grundregeln der Ge-

sprächspsychotherapie, die im I. Teil dieses Buches dargestellt sind. Auf diese Weise verschaffen Sie sich und der Gruppe ein günstiges Gesprächsklima; außerdem kommt es zu einer vertiefenden Einübung in Gesprächspsychotherapie.

13. Kapitel

Anpassung des Sprachniveaus

1. Lernimpuls

Als Sozialarbeiter oder Seelsorger, Berater oder Therapeut stelle ich mich in meinen sprachlichen Formulierungen auf Sprachschatz und Stil des Partners ein, so daß er mich leicht verstehen kann. Ich verwende also viel Mühe auf das »Wie«, auf die »Verpackung«.

Ergänzung:

2. Begründung

Mein erstes Ziel ist, daß meine Äußerungen verstanden werden. Deshalb werde ich mich nicht mit der sachlichen Richtigkeit meiner Antwort zufrieden geben: Das »Wie« der Antwort ist ebenso wichtig wie das »Was«. Hinter einer schwerverständlichen Formulierung können sich verbergen: Unkenntnis und Mißachtung der sog. Sprachschranken, Gleichgültigkeit und Lieblosigkeit (ich mache es dem anderen schwer und mir selbst leicht), aber auch mangelndes Wissen und mangelnde Übersicht und Durchsicht (Was ich gut verstanden habe, kann ich auch verständlich ausdrücken! Unsicherheit wird gerne mittels hochtrabender, komplizierter, abstrakter Sprachwendungen verschleiert!). – *Basil Bernstein* und *Josef Stendenbach* haben auf die Bedeutung der Sprachbarrieren hingewiesen[1]: Angehörige der unteren Bildungs- und Sozialschicht gehören zum sog. additiven Lerntypus und sprechen die sog. Gemeinsprache; es ist ihnen kaum möglich, einen Zugang zum kognitiven Lerntypus und zur Formalsprache zu finden, die von der oberen Bildungsschicht gehandhabt werden. Aus verschiedenen empirischen Untersuchungen[2] ergibt sich, daß in der Regel kurze Sätze am besten haften bleiben und am meisten stimulieren. Kurze Sätze umfassen bis zu 8 Wörter, mittellange Sätze 9–22 Wörter. Eine Auszählung bei deutschen Illustrierten ergibt eine durchschnittliche Satzlänge von 13 bis 15 Wörtern, der »Spiegel« kommt auf durchschnittlich 19,9 Wörter. Allgemein läßt sich sagen: Je informationsreicher ein Satz, um so kürzer soll er sein.

Ergänzung:

---

[1] *J. Stendenbach,* Soziale Interaktion und Lernprozesse, Köln 1963. – *B. Bernstein,* Soziale Struktur, Sozialisation und Sprachverhalten, Amsterdam 1970, (bes. Seite 84–98). – *B. Bernstein* u. a., Lernen und soziale Struktur, Amsterdam 1970. – *W. Niepold,* Sprache und soziale Schicht, Berlin 1971. – *D. Lawton,* Soziale Klasse, Sprache und Erziehung, Düsseldorf 1971. – *M. Koschorke,* Unterschichten und Beratung, in: Wege zum Menschen, Heft 4, 1973, 129–163, Vandenhoeck und Ruprecht, Göttingen

[2] *O. W. Haseloff,* Über Wirkungsbedingungen politischer und werblicher Kommunikation, in »Kommunikation« (Forschung und Information Band 3), hg. v. *O. W. Haseloff,* Berlin 1969, 176 ff. – *F. Zöchbauer,* Methoden zur Optimalkodierung von Texten, Manuskript, Salzburg 1970, S. 1–3. – *P. Teigeler,* Verständlichkeit und Wirksamkeit von Sprache und Text, in Schriftenreihe »Effektive Werbung«, Stuttgart 1968

3. Kritische Reflexion

Wollen Sie an dieser Stelle selbst aktiv werden und die wichtigsten Ergebnisse Ihres Nachdenkens hier eintragen?

4. Konkretion

1. Angehörige der unteren Bildungsschicht spreche ich mit einer farbigen, anschaulichen, bild- und gleichnishaften Sprache und einer einfachen Syntax (kurze Sätze) an, ich greife zu Vereinfachung und Wiederholung und bringe konkrete, praktische Beispiele. Ich verwende den Sprachschatz meines Gegenübers und verzichte weitgehend auf Fremdwörter und Fachjargon. Ganz allgemein benütze ich eine natürliche Sprachform, das bedeutet Verzicht auf Kanzel- und Kathederton. Zur sprachlichen Gestaltung gehört auch ein logischer innerer Aufbau sowie eine durchsichtige Gliederung.

2. Ich verwende die spiegelnde Methode, weil sie viele Ansätze zu sprachlicher Schlichtheit und Verständlichkeit beinhaltet: Kurze Sätze, konkrete Ausformung, Anpassung an den Sprachschatz des Gesprächspartners.

3. Praktisches Beispiel für Anpassung im Sprachniveau

Ein schwäbischer Bauer fragt in einem Brief, was man unter dem vieldiskutierten Aggressionstrieb versteht. Er erhält als Antwort:

Mit Aggressionstrieb bezeichnet man unseren Hang zum Angreifen und Zerstören, unsere Lust, jemand »klein-zu-kriegen« und dabei selber »groß herauszukommen«. Ich zeige Ihnen anhand eines Gogenwitzes einige Merkmale der Aggression sowie eine Möglichkeit, wie man sie entschärft.

Ein Gog ertappte während der Weinlesezeit einen Professor, der auf einem gesperrten Weinbergweg ging und philosophierte. Der Tübinger Weinbauer überfiel den Gelehrten mit wüsten Beschimpfungen: »Du Saublitz, du Halbdackel, i schlag di ung'spitzt in Erdbode nei, daß di der Herrgott mit dr Beißzang wieder rausziehe muaß.« Als der gelehrte Herr verwirrt antwortete, er habe gar keine Trauben stehlen wollen, entgegnete ihm der Gog: »Drum sag i's Ihne ja au im Gute.« Dieser Witz sagt folgendes über den Aggressionstrieb aus:

a) Wir Menschen explodieren nicht nur aufgrund starker Reize, vielmehr läuft uns die Galle oft schon bei Kleinigkeiten über (wir greifen sogar ohne erkennbare Ursachen an).

b) Bei der Befriedigung unserer Aggressionsgelüste werden wir leicht maßlos (besonders dann, wenn wir uns lange zurückgehalten und beherrscht haben).

c) Unsere Angriffswut reagieren wir gerne bei Schwächeren ab (bei starken Personen wagen wir es nicht!), sie trifft deshalb oft einen (fast) Schuldlosen.

d) Wir stören und zerstören heute vorwiegend mit aggressiver Rede, statt mit der Faust schlägt man mit wüsten Worten zu (oder mit übler Nachrede).

e) Eine gute Maßnahme gegen die Aggressionswut ist der Witz. Das Lachen entschärft und befreit. In diesem Gogenwitz geht der Humor vom Gog aus, aber auch der angegriffene Professor hätte humorig entgegnen können.

Mit freundlichem Gruß W. Weber

110

14. Kapitel

Vertrauensbrücken und Beziehungsgeflechte

1. Lernimpuls

Für jedes Gespräch und insbesondere für den therapeutischen Kontakt ist es äußerst wichtig (so wichtig wie die Luft zum Atmen!), daß es eine tragfähige Vertrauensbrücke und ein enges Beziehungsgeflecht gibt.
Ergänzung:

2. Begründung

Anfangs empfindet der Klient gegenüber dem Therapeuten zurückhaltende bis abwehrende Tendenzen. Zu den sog. Abwehrmechanismen zählen: Vorsicht, Reserve, Skepsis, Mißtrauen, Angst, Widerstand, Ablehnung, Flucht. Der Klient befindet sich in einem Zwiespalt von Mißtrauen und Vertrauen, in günstigen Fällen bringt er einen gewissen Vertrauensvorschuß ein. Auch auf Seiten des Therapeuten herrscht anfangs oft eine gewisse Zurückhaltung. Deshalb ist es wichtig, daß bewußt und mit Methode eine Vertrauensbrücke erbaut wird. Erst dann kann sich der Klient frei entfalten und ganz öffnen. Erst dann wird es zwischen Therapeut und Klient zu einer lebendigen und tiefgreifenden Kommunikation kommen.
Ergänzung:

3. Kritische Reflexion

Wie die nachfolgende Konkretion zeigt, kann der Therapeut einiges dafür tun, daß Vertrauensbrücken und Beziehungsgeflechte entstehen. Das bedeutet aber nicht, daß er sie einfach »produzieren« kann, denn sie beruhen zu einem guten Teil auf dem subjektiven Urteil des Partners – die persönliche Lebensgeschichte schließt (mehr oder weniger) auf oder zu für die Möglichkeit des Vertrauens. – Damit der Partner nicht »vertrauensselig« und »blindgläubig« wird, sollte er ein Stück weit Mißtrauen und kritische Distanz beibehalten. Der Therapeut hat darauf zu achten, daß er das Vertrauen seines Partners nicht mißbraucht und daß kein ständiges Abhängigkeitsverhältnis besteht.
Ergänzung:

4. Konkretion

1. Da Beziehungsgeflecht und Vertrauensbrücke[1] abhängen von Faktoren wie »Sender, Botschaft, Empfänger, Kanäle der Kommunikation, Effekte der

---

[1] Hauptquelle von Konkretion 1 ist: »Ergebnisse der experimentellen Verhaltensforschung im Hinblick auf die Gesprächssituation«, Institut für Datenverarbeitung, Heidelberg, o. J., Kapitel »K«

Beeinflussung«, kann man bei diesen Faktoren einsetzen. Hier geht es zunächst nur um die Frage, was der Therapeut als »Sender« für seine Vertrauenswürdigkeit tun kann. Wichtig sind Kompetenz, Intelligenz, Ehrlichkeit, Ernsthaftigkeit, Verantwortungsbewußtsein, Identität zwischen Reden und Tun, Sprechverhalten. Eine Rolle spielen auch Faktoren, die objektiv irrelevant sind und auf die der Therapeut keinen Einfluß hat und also nichts ändern kann: Geschlecht, Rasse, Nation (Volksstamm innerhalb einer Nation, Dialekt), Alter, Aussehen, Beruf, Titel, Trägerinstitution (die hinter dem Therapeuten steht).

2. Bedeutsam für die Gesprächspraxis ist folgende Tatsache: Der Klient findet den Therapeuten leichter als vertrauenswürdig, wenn er merkt, daß es zwischen ihm und dem Therapeuten auf einigen Gebieten Gemeinsamkeiten und Übereinstimmung gibt (Identifikationsmöglichkeiten); die Übereinstimmung (auf dem Gebiet des Berufs, des Lebensschicksals, der Gefühlsebene, der Wertmaßstäbe, des Glaubens usw.) ist in Worte zu fassen. Gemeinsamkeit und Übereinstimmung können auch durch Kopfnicken oder ein wiederholt eingestreutes »ja« (»hm«) dokumentiert werden.

3. Vertrauensbrücke und Beziehungsgeflecht entstehen schließlich in großem Umfang dadurch, daß der Lernstoff dieses Lehrbuchs möglichst perfekt und permanent angewendet wird. Es geht hier vor allem um das methodische Zuhören, das unbedingte Annehmen, die spiegelnde Methode, das aktive Bemühen, die Echtheit des Therapeuten, die Annäherung im Sprach- und Anspruchsniveau.

Ergänzung:

5. Praktische Übungen

1. Wollen Sie die Informationen dieses Kapitels als Anlaß nehmen, die angegebenen Lernimpulse (vgl. Konkretion Nr. 3!) nochmals zu lesen und noch intensiver einzuüben?

2. Wollen Sie die angebotenen Informationen mit Ihrem persönlichen Erfahrungshintergrund vergleichen? Solche Selbsterfahrung ist wichtig für den Lernprozeß. Vielleicht dienen Ihnen folgende Fragen als Anregung: Wo entstand (in Ihrem persönlichen Lebensbereich, innerhalb Ihres Berufs, in Ihrer Lerngruppe) eine gute Vertrauensbasis, und worauf ist das zurückzuführen? Wo mangelt es an Vertrauen und Beziehungsgeflechten, und woran kann das liegen?

15. Kapitel

Annäherung im Anspruchsniveau

1. Lernimpuls

In meiner Funktion als Berater, Therapeut, Sozialarbeiter oder Seelsorger beachte ich das Niveau des Gesprächspartners hinsichtlich seiner körperlichen, seelischen und geistigen Kraft. Meine Ansprüche stehen auf einem Niveau, das dem Anspruchsniveau des Partners entspricht oder nur wenig darüber liegt. Ich vermeide also Überforderungen, natürlich auch Unterforderungen. Anders gesagt: Sofern eine Frustration des Partners unumgänglich ist, beachte ich die ihm eigene Frustrationstoleranz.

Ansprüche an den Gesprächspartner ergeben sich zum Beispiel aus dem Grundgesetz und anderen humanen Rechtsnormen, aus medizinischen und psychologischen Gesetzmäßigkeiten usw.

Ergänzung:

2. Begründung

Daß sich der Partner gegen Frustrationen jeder Art zunächst einmal wehrt, ist selbstverständlich. Sie sollten im Rahmen des Möglichen bleiben – andernfalls kommt es zu Blockierungen, zu aggressivem Widerstand oder zu Fluchtverhalten. Mit solchen Verhaltensweisen ist aber weder dem Partner noch der Sache gedient. Liegt mein Niveau mit seinen Ansprüchen weit über dem des Partners, so kann er mich oft nicht einmal verstehen; falls er noch verstehen kann, fehlt ihm aber die Kraft zum Ausführen, es kommt zu Mißerfolgen, er wird entmutigt und gibt auf. Das Anspruchsniveau ist also so zu gestalten, daß Erfolgserlebnisse möglich sind und sollte erst nach einer Serie von Erfolgserlebnissen erhöht werden[1].

Ergänzung:

3. Kritische Reflexion

Es besteht die Gefahr, aus Rücksicht gegenüber dem Gesprächspartner oder aus einer einseitig verstandenen Partnerzentriertheit heraus darauf zu verzichten, dem Partner eine Frustration zuzumuten, den Klienten also mit gewissen Ansprüchen zu konfrontieren. Viel größer scheint aber in der gegenwärtigen Leistungsgesellschaft die Gefahr zu sein, daß Klienten durch hartherzige und übertriebene Forderungen in die Enge getrieben werden.

Ergänzung:

---

[1] Vgl. *Ferd. Hoppe,* Erfolg und Mißerfolg, 1931. – *Heckhausen,* Motivationsanalyse der Anspruchsniveau-Setzung, 1955

4. Konkretion

1. Ich kann mich extrem oder gemäßigt äußern, kleine oder große Ansprüche stellen, bescheiden oder autoritär auftreten, eine Wahrheit liebevoll oder lieblos formulieren. Ich kann einen Anspruch so gestalten, daß er den anderen gewinnt, verbindet und aufbaut, oder daß er ihn abstößt, verletzt und zerstört. Viel hängt davon ab, wie ich es dem anderen sage. Falls ich eine Gegenposition beziehen muß, sollte das in freundlichem Ton und mit stichhaltigen Erklärungen erfolgen; ich kann den Partner bescheiden um ernsthafte Prüfung oder um Verständnis bitten; er soll merken, daß mir Anspruch oder Widerspruch schwer fallen. In jedem Fall achte ich darauf, die rechte Zeit und den rechten Ort für meine Äußerungen zu finden.

2. Ich rede so, daß mein Anspruchsniveau nicht weit von dem des Partners entfernt ist. Jedenfalls kann er die von mir ausgehenden Frustrationen nur dann annehmen, wenn er sich (vorher und grundsätzlich) angenommen weiß.

3. Ich hüte mich davor, meinem Partner in unreflektierter Weise die Ansprüche entgegenzubringen und zuzumuten, die ich an mich selber stelle oder die ich für »allgemeingültig« halte.

Ergänzung:

5. Praktische Übung

Bitte überlegen und diskutieren Sie auf aufgrund Ihrer persönlichen Erfahrung (Selbsterfahrung) folgende Fragen: Wie fühle ich mich, wenn ich überfordert oder unterfordert werde (durch andere Menschen oder durch mich selbst)? Wie reagiere ich, wenn mir viele und hohe Ansprüche entgegenkommen? Bitte beziehen Sie in Ihre Selbstreflexion konkrete Erlebnisse ein. (Beispiel: Überforderung durch Eltern, Ehepartner, Kinder, Vorgesetzte, politische oder kirchliche Amtsträger usw.).

16. Kapitel

Abstraktion und Konkretion

1. Lernimpuls

In Zusammenarbeit mit dem Klienten versuche ich als Therapeut, eine allgemeine und abstrakte Aussage in eine Form zu kleiden, die die individuelle Person und den konkreten Alltag des Klienten trifft. Eine abstrakte Therapeutenäußerung ist oft eine halbe Antwort oder aber vom Klienten überhaupt nicht zu verstehen. In der Regel ist der Gesprächspartner überfordert, wenn er die Aufgabe des Konkretisierens alleine bewältigen soll. – Beispiele für Abstraktion: Frustration, Aggression.
Ergänzung:

2. Begründung

Eine abstrakte Aussage (aus Psychologie oder Soziologie, Philosophie oder Theologie) verlangt nach Inkarnation und Konkretion: »Die Wahrheit ist stets konkret« (*Lenin*). Eine abstrakte Aussage muß für jede konkrete Einzelperson übersetzt werden, damit sie integriert werden kann. Die »Wahrheit« muß personalisiert werden, damit sie einer Person nützt und konkret hilft. Wer nur abstrakte »Wahrheiten« verteilt, gibt Steine statt Brot. Eine weitere wesentliche Gefahr von Abstraktionen ist darin zu finden, daß sie hauptsächlich den Intellekt ansprechen und die emotionale Ebene kaum erreichen.

Einen praktischen Beweis, wie schwierig und doch nötig der Schritt zur Konkretion ist, findet man bei der Beschäftigung mit dem Lernschritt »Konkretion« (vgl. die »Konkretionen« zu allen vorliegenden Kapiteln dieses Lehrbuchs!).
Ergänzung:

3. Kritische Reflexion

Es wäre einseitig, wollte man die Abstraktion völlig ablehnen und nur die Konkretion gelten lassen. Das Konkretisieren kann zu Einengungen und Fixierungen führen. Man sieht dann unter Umständen nur noch einzelne konkrete Einzelheiten und bekommt nicht mehr die Ganzheit ins Blickfeld, die Beziehung des einzelnen zum Ganzen: »Man sieht vor lauter Bäumen nicht mehr den Wald.«
Ergänzung:

4. Konkretion

1. Es ist zu wenig, wenn ich einem zerstrittenen Ehepaar nahelege, miteinander wieder zu reden, einander zu verstehen, miteinander Frieden zu schlie-

ßen usw. Ich habe gemeinsam mit den Klienten zu klären, welche konkreten Einzelschritte zu bewältigen sind, wo die einzelnen Schwierigkeiten konkret liegen, welche konkreten Ziele erreichbar sind usw.

2. Die Verwendung von Abstraktionen (psychologischen Pauschaldefinitionen) nützt in der Praxis wenig und hat oft eine verschleiernde Wirkung. Was nützen im konkreten Einzelfall etwa Feststellungen wie: »Klient leidet an Kommunikationsstörungen, an Aggressionshemmungen usw.«, »Klient hat eine Mutterbindung, ein starkes Überich usw.«, »Klient ist oral fixiert, ist depressiv usw.« Es muß konkret herausgearbeitet werden, wie das beim individuellen Klienten in seinem praktischen Leben aussieht, was das hier und jetzt für ihn bedeutet.

3. In der Gesprächspsychotherapie spielt die »konkrete Zuwendung zu gefühlsmäßigen Erlebnisinhalten des Klienten« mit Recht eine gewichtige Rolle; die Therapeutenäußerungen werden auf diesen Punkt hin geprüft und eingeschätzt, weil Konkretion für den Erfolg der Therapie maßgebend ist[1].
Ergänzung:

5. Praktische Übungen

1. Bitte überlegen Sie, was Ihnen die Kapitel dieses Lehrbuches für Ihre Praxis einbringen würden, wenn jeweils die »Konkretion« fehlte. Machen es die »Konkretionen« leichter, den Schritt von der theoretischen Einsicht zum praktischen Tun zu vollziehen?

2. Bitte erinnern Sie sich an therapeutische Gespräche, in denen der Klient sehr viele abstrakte Äußerungen bringt. Werden Sie in Ihren Äußerungen abstrakt bleiben oder konkrete Antworten suchen? Wohin führt das?

3. Am Ende von Kapitel 8 (»Spiegelnde Methode«) finden Sie 50 »Einzelne Klientenäußerungen als Übungsmaterial«. Bitte suchen Sie zu 20 Klientenäußerungen jeweils eine (oder zwei) möglichst konkrete Therapeutenantwort, d. h. spiegeln Sie möglichst konkret.

---

[1] *Tausch*[4], 82, 160 f; vgl. auch Kapitel »Spiegelnde Methode«, Konkretion Nr. 5.

17. Kapitel

Distanz und Nähe

1. Lernimpuls

Ich möchte gegenüber dem Partner zugleich Distanz und Nähe[1]. Das Verhältnis ist veränderlich und der lebendigen Situation angepaßt. Nähe und Distanz werden verwirklicht, wenn ich am Partner teilhabe, ohne ein Teil von ihm zu werden und ohne ihn zu einem Teil von mir zu machen; wenn ich gleichzeitig in der Welt (des Denkens, Fühlens, Wollens) des Partners stehe und sie doch auch von außen sehe und daneben meine eigene Welt habe; wenn ich gleichzeitig »mit der Brille des Partners sehe« und mit meiner eigenen »Brille«.

Ergänzung:

2. Begründung

Distanz ist nötig,

1. weil ich ein anderer Mensch bin als mein Partner (vgl. »Echtheit und Selbstkongruenz«) und es also eine äußere und innere Distanz gibt, die sich nicht aus der Welt schaffen läßt;

2. weil ich aus der Distanz heraus zu einem gewissen Überblick und einer relativen Objektivität kommen kann;

3. weil ich mein rationales und emotionales Weltgebäude nicht mit dem des Partners vermischen möchte (Gefahr der »Gegenübertragung«);

4. weil es zur Realität des Partners gehört, daß er sich nicht nur mit der eigenen subjektiven Brille sieht, sondern auch so erlebt, wie er von anderen Menschen gesehen wird;

5. weil der Partner sein eigenes Ich finden und vertreten möchte, so daß er eigenständig leben kann (keine fortdauernde Abhängigkeit vom Therapeuten und ständige Identifikation mit dem Therapeuten);

6. weil der Partner (innerhalb der augenblicklichen Situation) Angst empfinden kann, sich ganz zu öffnen (Angst vor der Preisgabe eines peinlichen Geheimnisses, Angst vor Gefühlsüberschwang und emotionaler Sturmflut).

Nähe ist nötig,

1. weil ich den Partner in allen Verästelungen seines rationalen und emotionalen Erlebens zu verstehen und zu begleiten suche;

2. weil der Partner echten Kontakt und tiefes Vertrauen braucht, Anerkennung und Annahme, emotionale Wärme, eine zuverlässige und tragfähige Beziehung;

---

[1] Man kann auch von Nichtidentifikation und Identifikation sprechen. Identifikation geschieht, indem ich mich in die Lage des anderen versetze, um so zu erleben, zu fühlen, zu denken, zu wollen wie der andere.

3. weil der Partner ein aktives Bemühen und spürbares Engagement des Therapeuten benötigt;

4. weil der Partner in der lebendig-nahen Begegnung mit dem Therapeuten lernen kann, sein Verhalten zu erkennen und zu ordnen;

5. weil der Partner möglicherweise ein Übermaß an Ungeborgenheit und Unzuverlässigkeit erlebte, das ihn in einer Vereinsamung und Vereinzelung stehen läßt, die übergroße Angst und Hemmungen erzeugen und so neue Lösungsansätze vereiteln.

Ergänzung:

Kritische Reflexion

Bitte übernehmen Sie einmal alleine die Aufgabe, den Lernimpuls und seine Begründung kritisch zu reflektieren.

3. Konkretion

1. Ich bin mir ständig bewußt, daß zu einem lebendigen und fruchtbaren Gespräch sowohl Nähe als auch Distanz gehören. Ich versuche, daß weder ich selber noch mein Gesprächspartner dieser Spannung ausweichen. Ich suche diejenige Mischform von Distanz und Nähe zu verwirklichen, die dem jeweiligen Partner und der jeweiligen Situation angemessen erscheint. Dazu ist es nötig, daß ich mit großer Sensibilität auf alle Äußerungen des Partners und auf meine eigenen Reaktionen achte.

2. Ich beachte, wo (beim Partner und bei mir selber) Zeichen von Distanz auftreten – allerdings sind diese Zeichen zum Teil mehrdeutig:
– Körperhaltung ist unruhig, gebeugt, abgewendet; Arme sind verschränkt, Hände irgendwo versteckt; Blickkontakt wird vermieden, Kopf gesenkt oder abgewendet;
– Sprechen ist hastig – fluchtartig (Redeschwall) oder kommt ins Stocken (Gesprächspause);
– Gesprächsthema wird rationalisiert oder fallen gelassen;
– Gesprächsteilnehmer (Therapeut und/oder Klient) wird aggressiv oder depressiv, müde, resigniert.

3. Ich beachte die Signale, die auf Nähe oder Wunsch nach Nähe hindeuten. (Auch hier gibt es Mehrdeutigkeit: Hinter Zeichen der Abwehr kann ein Wunsch nach Nähe stehen!) Bitte stellen Sie, im Anschluß an Punkt 2, selber konkrete Überlegungen an und tragen Sie die Ergebnisse hier ein:

4. Ich überlege, warum der Partner (in diesem Augenblick und/oder grundsätzlich) auf Nähe oder aber auf Distanz abzielt. Beispiele: Er kann auf Distanz gehen, weil er den Therapeuten unsympathisch oder aber sehr sympathisch findet. Er kann anfangs recht distanziert sein, dann näher rücken, dann wieder abrücken usw.

5. Ich versuche mir bewußt zu machen, ob ich eher zum distanzierten oder nichtdistanzierten Menschentyp gehöre, und warum ich in diesem Augenblick (gegenüber diesem Partner und diesem Gesprächsthema) den Wunsch nach mehr Distanz oder mehr Nähe habe.

6. Ich gehe auf den Partner mit seinem Wunsch nach mehr Distanz oder mehr Nähe so weit als möglich ein. Dabei bleibe ich echt und mit mir selber identisch.

7. Ich greife bewußt zu Methoden der Distanzierung oder Nichtdistanzierung, wo es nötig erscheint. Dabei dränge ich dem Partner nichts auf.

8. Ich arbeite mit Methoden der Gesprächstherapie, konkret: Ich praktiziere unbedingtes Annehmen, spiegelnde Methode, Echtheit, aktives Bemühen. Die Gesprächstherapie läßt Raum für Distanz und Nähe und beläßt dem Partner Freiheit und Selbstbestimmung. Diese Methode kann verhindern, daß Nähe mit totaler Identifikation und Sympathie mit Parteiergreifen vermischt werden, oder daß Distanz mit Unbeteiligtsein verwechselt wird.

9. Ich akzeptiere die Schwierigkeiten, die ich persönlich mit Distanz und Nähe habe. Sofern ich in der Beziehung zu einem Gesprächspartner nicht das rechte Maß an Distanz und Nähe gewinnen kann, spreche ich über diese Schwierigkeit mit einem Kollegen; nötigenfalls gebe ich den Klienten an einen Kollegen ab.
Ergänzung:

4. Praktische Übung

Sie stehen einem anderen Menschen gegenüber (Abstand etwa 5 Meter). Sie treten miteinander in Blickkontakt. Nachdem Sie sich in diese Situation eingefühlt haben, gehen Sie langsam und in kleinen Schritten auf den anderen zu; der Blickkontakt wird aufrechterhalten; Sie können Schritte nach vorwärts und nach rückwärts gehen. Suchen Sie den Abstand herauszufinden, der Ihnen und Ihrem Gegenüber angenehm erscheint. Während der ganzen Übung wird nicht gesprochen. Achten Sie während der ganzen Übung auf alles, was Sie fühlen und denken; beachten Sie auch Ihre Körperhaltung. Dauer der Übung: Etwa 5 Minuten.

Führen Sie diese Übung auch mit anderen Menschen (aus Ihrer Lerngruppe) durch, so daß Sie insgesamt 3–5mal Erfahrungen sammeln.

Nach dieser Übung findet zunächst eine freie Aussprache statt. Die Erfahrungen mit sich selber und dem Gegenüber werden ausgetauscht und ausgewertet (Dauer etwa 15 Minuten).

Im Anschluß an die freie Aussprache können Sie sich durch folgende Fragen (bitte erst nach der Übung lesen!) anregen lassen (Dauer etwa 45 Minuten):

a) Was empfinden Sie, wenn Sie ganz nahe beieinander stehen oder aber auf Distanz gehen?

b) In welcher Distanz fühlen Sie sich richtig wohl?

c) Wie erleben Sie es, wenn Ihr Gegenüber mehr Nähe oder Distanz aufsucht, als Ihnen angenehm ist?

d) Wie erreichen Sie einen Abstand, der Ihnen und Ihrem Gegenüber angemessen und angenehm erscheint?

e) Können Sie bei sich selber eine gewisse Grundstruktur im Empfinden und Verhalten feststellen? Gehen Sie leicht oder schwer auf einen anderen Menschen zu? Gehen Sie lieber auf Distanz oder auf Nähe? Fällt es Ihnen leicht, sich auf das Vorgehen des anderen einzustellen? Geben Sie eher nach, oder lassen Sie es eher auf einen Machtkampf ankommen, in dem Sie sich zu behaupten versuchen? Erleben Sie im Umgang mit Verwandten und Freunden, mit Fremden und Feinden etwas Ähnliches wie innerhalb dieser Übung?

f) Warum suchen Sie die Nähe auf? Warum lieben Sie die Distanz? Warum schätzen Sie den Wechsel von Distanz und Nähe? Gegenüber welchen Menschen (Körperbau, Stimme, Charaktereigenschaften) sind Sie in der Regel distanziert? Welche Menschen finden Sie anziehend und angenehm?

g) Welche Konsequenzen ziehen Sie im Blick auf Ihren Umgang mit Klienten? Zu welchen Gesten (Körperhaltung, Gesichtsausdruck, Sprache der Augen und der Hände, Sitzordnung) und zu welchen Worten greifen Sie, wenn Sie im Gespräch mit einem Klienten mehr Nähe oder mehr Distanz wachsen lassen möchten? Mit welchen Gesten und Worten kann Ihnen der Klient zeigen, daß er mehr Nähe (oder Distanz) sucht bzw. fürchtet?

h) Weitere wichtige Fragestellungen sind hier zu ergänzen.

18. Kapitel

Öffnung für Hoffnung und Mut

1. Lernimpuls

In meiner Funktion als Berater oder Seelsorger, Sozialarbeiter oder Therapeut versuche ich, meinen Gesprächspartner für Neues (neue Erfahrungen, neue Möglichkeiten, neue Aktivitäten und stete Veränderungen, neues Denken und Fühlen und Glauben) zu öffnen bzw. offen zu halten. Für das Gesprächsklima und den therapeutischen Prozeß ist es nötig, daß es ein Freisein und Freiwerden für Hoffnung und Mut gibt.
Ergänzung:

2. Begründung

Die Gefahr der Verhärtung und Fixierung ist groß. Der Mensch setzt gerne einige wenige Gewohnheiten des Denkens, Fühlens, Handelns, Glaubens, einige wenige Welt- und Selbsterfahrungen absolut und läßt sich dann auf keine neuen Erfahrungen und Erkenntnisse mehr ein. Dieses selbstgebaute Gefängnis kann infrage gestellt werden, weil es nicht die ganze Wirklichkeit umfaßt. Wer sich nicht mehr auf Neues einläßt und also nicht mehr mit der Hoffnung lebt, ist in seiner Aktivität oft so gehemmt, daß er weder gesprächs- noch therapiefähig erscheint. Ein therapeutisches Gespräch kann kaum vorankommen, wenn der Klient in totaler Hoffnungs- und Mutlosigkeit versinkt. Wer keine Hoffnung mehr hat, steht in Gefahr, sich aufzugeben und sein Leben wegzuwerfen. Deshalb ist der Punkt aufzuspüren, wo es Ansätze für Mut und Hoffnung gibt.
Ergänzung:

3. Kritische Reflexion

Kann es sein, daß Hoffnung und Hoffnungslosigkeit, Mut und Mutlosigkeit nebeneinander bestehen, und daß diese Ambivalenz auszuhalten ist? Zielt ein einseitiger Optimismus ebenso an der Wirklichkeit vorbei wie ein einseitiger Pessimismus?
Ergänzung:

4. Konkretion

1. Ich erkenne, daß in meinem Gesprächspartner weder Hoffnung noch Mut entstehen können, wenn ich seine Not bagatellisiere, wenn ich ihn mit billigen »Trostpflästerchen« bediene, wenn ich einfach einen moralischen Aufruf loslasse (»Geben Sie die Hoffnung nicht auf! Man sollte nicht so mutlos sein!«).

2. Ich praktiziere die spiegelnde Methode: Ich verbalisiere die Hoffnungslosigkeit meines Gesprächspartners, aber auch seine Ansätze zu Hoffnung und Mut. Bei einem depressiven Klienten spiegele ich vor allem seine Hoffnungen und Ziele, seine Pläne und Aktivitäten.

3. Ich prüfe, ob mein Gesprächspartner hinter seinem schweren Lebensschicksal einen Sinn entdecken kann: Dadurch können Hoffnung und Mut entstehen.

4. Gemeinsam mit dem Partner suche ich nach konkreten Erfahrungen im Leben des Partners, wo es plötzliche Veränderungen und unerwartete Wendungen gab. Ist ähnliches Erleben für die Zukunft auszuschließen?

5. Neue Hoffnung und Mut können sich am Gedanken an eine Hilfe von außen her entzünden (plötzlich hilft ein Freund oder Fachmann, oder hilft Gott mittels des Engagements eines Menschen). Hoffnung und Mut können aber auch im Partner selber entstehen, indem er sich der latenten Kräfte erinnert, die in ihm schlummern.
Ergänzung:

5. Praktische Übungen

1. Nachstehend werden elf Menschenschicksale skizziert. Beim Lesen bekommen Sie einen konkreten Eindruck, wie hoffnungslos Menschen sein können und wie schwer ein Ansatz für Ermutigung zu finden ist. Bitte überlegen Sie, in welcher Weise Sie mit diesen Menschen sprechen würden. Am besten nehmen Sie den einen oder anderen Fall als Ausgangspunkt für ein Rollenspiel: Ein Teilnehmer versucht, eine der angegebenen Rollen zu spielen; ein anderer Teilnehmer übernimmt die Rolle des Therapeuten; die übrigen Mitglieder der Lerngruppe fungieren als Beobachter; nach Möglichkeit nehmen Sie das Rollenspiel auf Tonband auf.

a) Pechsträhne einer Mutter: Kurz nach der Geburt erkrankt der kleine Säugling schwer, auch nachts braucht er Pflege, die Mutter fühlt sich noch sehr schwach und fürchtet sich vor einer chronischen Krankheit des Kindes, der Ehemann kommt erst in einer Woche von einer Geschäftsreise zurück, hochfiebrig tritt er durch die Tür und braucht also Pflege, anstatt mithelfen zu können, die Großeltern und Schwiegereltern geben nur gute Ratschläge und keine praktische Hilfe, irgend jemand aus der Nachbarschaft setzt böse Gerüchte in Umlauf.

b) Ein Schüler wird vom Lehrer ungerecht behandelt, es kommt zu einem unfruchtbaren und aufreibenden Machtkampf, der Lehrer sitzt am längeren Hebel, der Schüler wird nicht versetzt.

c) Ein Mädchen, Anfang zwanzig, erfährt in der Begegnung mit Männern eine Enttäuschung nach der anderen, verbittert zieht sie sich schließlich zurück.

d) Ein Student erkrankt an Multipler Sklerose und muß sein Studium und seine Karriere begraben.

e) Eltern geben sich größte Mühe mit der Erziehung ihrer einzigen Tochter, im Bannkreis ihres Freundeskreises wird das Mädchen drogensüchtig.

f) Eine Frau baut zusammen mit ihrem Mann ein gutgehendes Geschäft auf, dann wird sie aus dem Geschäft und der Ehe gedrängt: Der Mann heiratet seine junge Sekretärin.

g) Ein Mann stellt mit 50 Jahren fest, daß seine Frau und seine drei Kinder von ihm nur Geld wollen, um ihre persönlichen Interessen zu verwirklichen – er fühlt sich ausgenützt und mißbraucht.

h) Ein Sechzigjähriger wird in seiner Firma in die Ecke gedrängt und auf das Abstellgleis geschoben, seine früheren Leistungen sind vergessen.

i) Eine verwitwete Großmutter stellt verbittert fest, daß sie nur für andere gelebt und gearbeitet hat, niemand dankt es ihr, niemand hilft ihr jetzt in ihrem Alter.

k) Eine Aktionsgruppe setzt sich intensiv für die »Dritte Welt« ein, sie stößt bei Christen und Atheisten auf lauter Gleichgültigkeit und Ablehnung.

l) Der Prediger Salomo schreibt: »Wie ist alles so nichtig! Es ist alles umsonst! Was hat der Mensch für Gewinn von aller seiner Mühe? Das Auge wird nicht satt vom Sehen, das Ohr wird nicht voll vom Hören. Es gibt nichts Neues unter der Sonne. Siehe, alles ist nichtig und ein Haschen nach Wind.«

2. Bitte überlegen und diskutieren Sie folgende Themen: Wo gab und gibt es in meinem Leben Phasen der Hoffnungs- und Mutlosigkeit? Wie finde ich in solchen Situationen einen Ansatz für neue Hoffnung und neuen Mut? Inwieweit kann ich meine Erfahrungen und Lösungsversuche einem Klienten mitteilen? Inwieweit bedeutet das für ihn eine konkrete Hilfe?

19. Kapitel

Strukturierung des Gesprächs

1. Lernimpuls

Als Gesprächsleiter (Berater, Seelsorger, Therapeut) versuche ich, die Struktur des Gesprächs (Schwerpunkte, Haupttendenzen, Gefälle) und speziell die Aussagen meines Gesprächspartners mir und ihm deutlich bewußt zu machen. Das Gespräch erhält seine Strukturierung insbesondere durch gefühlsstarke und personnahe Äußerungen des Klienten (vgl. spiegelnde Methode!), durch einzelne Stichwörter (Reizwörter) und Schlüsselsätze oder Hauptfragen, sowie durch Bruchstellen und Pausen im Gesprächsverlauf. Ich habe als Berater die Aufgabe, diese Fakten zu erkennen, sinnvoll zu ordnen und auszusprechen. Eine rekapitulierende Zusammenfassung der Schwerpunkte kann ich an einigen geeigneten Stellen des Gesprächs und zum Abschluß geben.
Ergänzung:

2. Begründung

1. Durch Strukturierung wird die Fülle der Gesprächsinhalte überschaubar und durchsichtig, weil nur die wesentlichen Gesprächselemente aufgenommen werden.

2. Diese werden, indem ich sie wiederholend ausspreche, festgehalten und verstärkt (differentielle Verstärkung).

3. Im Zug der Strukturierung wird geordnet, was zusammengehört. Wenn nötig, können neue Zusammenhänge aufgewiesen und eine Neuanordnung angestrebt werden.

4. Indem ich wichtige Punkte entsprechend der spiegelnden Methode rekapituliere, zeige ich dem Gesprächspartner (und mir selber), ob ich behalten und verstanden habe, was gesagt wurde. Falls ich etwas Wesentliches vergessen habe, kann mich der Partner korrigieren.

5. Die Strukturierung des Gesprächs wirkt sich auf den weiteren Gesprächsverlauf aus: Es kommt beispielsweise zur Verstärkung einzelner Themen, es kann sich zum Beispiel herausstellen, daß einzelne Schwerpunkte nicht zu Ende diskutiert sind.

6. Beim Strukturieren ist (neben Schlüsselwörtern und -sätzen) besonders auf Gefühlsäußerungen (z. B. Angst, Aggression, Scham) zu achten, weil dahinter starke psychische Energien der Tiefenschicht stehen.

7. Auch Bruchstellen und Pausen im Gesprächsverlauf bilden Marksteine der Strukturierung. Pausen deuten unter anderem darauf hin, daß ein Thema abgeschlossen ist oder daß die Kraft fehlt, es zu Ende zu führen. Bruchstellen lassen oft erkennen, daß dem Partner das Thema »zu heiß« wird; öfters veranlaßt aber auch der Gesprächsleiter einen Bruch durch voreiliges oder gar autoritäres Eingreifen.
Ergänzung:

3. Kritische Reflexion

Wer entscheidet darüber, was Stichwörter, Schlüsselsätze und gewichtige Gefühlsmomente sind, was Haupt- und Nebenthema ist? Es besteht die Gefahr, daß ich als Berater oder Seelsorger hier subjektiv entscheide und den Partner manipuliere. Auf jeden Fall werde ich mein Gegenüber fragen, ob es mit meiner Strukturierung einverstanden ist. In manchen Gesprächen gibt es keine (erkennbaren) Stichwörter und Schlüsselsätze, was aber auch eine Schlüsselerkenntnis sein kann.
Ergänzung:

4. Konkretion

1. Falls es Partner und Gesprächssituation erlauben, mache ich mir während des Gesprächs stichwortartige Notizen (siehe nachfolgendes Schema!). Gegenüber vielen Partnern kann man das damit begründen, daß man auf diese Weise exakter zuhören und antworten kann – und daß ja jeder Arzt auch Notizen macht. Innerhalb der Telefonseelsorge ist eine Gesprächsskizze leicht anzufertigen, ohne daß sich der Partner gestört fühlt. In der Briefberatung und brieflichen Seelsorge können Schwerpunkte durch (verschiedenfarbige) Unterstreichungen markiert werden oder durch Erstellung einer Stichwortskizze.

2. Strukturierung gelingt dann, wenn sie kurz ist. Sie soll konkret sein. Sie achtet eher auf emotionale Äußerungen als auf rationale.

3. Ich notiere (auf einem Blatt Papier oder in meinem Gedächtnis) vor allem gefühlsstarke und personnahe (= die Person des Partners direkt betreffende und bedrückende) Äußerungen; diese spiegele ich zurück, wodurch das Gespräch Struktur gewinnt.

4. Ich ziehe Verbindungslinien zwischen den einzelnen Gedanken und Gefühlen, die der Partner im Lauf des Gesprächs äußert, und mache so Zusammenhänge deutlich (oder Widersprüche!).

5. Ich beachte auf jeden Fall alle wesentlichen Gefühle und Äußerungen, die von mir ausgehen, und komme so zu einer Selbstkontrolle und zur Wahrnehmung des Beziehungsgeflechtes der Interaktionen.

6. Für beide Gesprächsteilnehmer ist es leichter, wenn die Hauptlinien schon während des Gesprächs gelegentlich wiederholt werden, andernfalls kommt zu viel Stoff zusammen. In der Regel strukturiere ich am Ende des Gesprächs und fasse dabei die wichtigsten Ergebnisse zusammen.

7. Das Strukturieren innerhalb des Gesprächs darf den Redefluß und Gefühlsstrom des Partners nicht unterbrechen. Ich werde also in Gesprächspausen strukturieren.

8. Für mich persönlich strukturiere ich auf jeden Fall. Ob und wann ich das ausspreche, hängt vom Einzelfall ab. Gesetzlich-schematisches Vorgehen ist zu vermeiden.

9. Sofern mir das Strukturieren schwerfällt, könnte ich zu meinem Partner sagen: »Lassen Sie mir bitte etwas Zeit zum Überlegen!« Oder: »Können Sie mir helfen beim Ordnen und Zusammenfassen des bisherigen Gesprächs?«

10. Um auf den Klienten zentriert zu sein und ihn zu aktivieren, werde ich ihn um Mithilfe beim Strukturieren bitten. Zumindest werde ich den Partner fragen, ob er sich selber wiederfindet in dem, was ich bringe. Als Redewendung bietet sich an: »Habe ich Sie so richtig verstanden?« »Bitte korrigieren Sie mich nötigenfalls!«

11. Wie eine Strukturierung aussehen und was sie leisten kann, vermag ein konkretes Beispiel zu zeigen. In einem Brief fragt ein junger Mann, ob er Lehrer werden soll oder nicht. Der Antwortbrief lautet:

Sehr geehrter Herr H. . . .,

nachdem Sie das Abitur bestanden haben, fragen Sie mich, welchen Beruf Sie ergreifen sollen. Zuerst bekam ich Angst vor der Verantwortung, die Sie mir damit zuschieben. Inzwischen habe ich Ihren langen Brief mehrere Male gelesen und überschlafen und meine nun doch, eine klare und konkrete Antwort geben zu können — was allerdings nicht bedeutet, daß Sie mir kritiklos zustimmen sollen.

Verstreut und versteckt in Ihrem langen Brief fand ich nämlich recht viele Aussagen, die alle in die gleiche Richtung weisen. Ich tue nun nichts anderes, als diese verstreuten Aussagen zusammenzustellen. Wenn Sie sie im Zusammenhang lesen, werden Sie sich klar, welchen Beruf Sie ergreifen. Ich zitiere aus Ihrem Brief: ›Die ganzen psychologischen Tests, die wir in der Schule machen mußten, ergaben, ich solle Sprachen studieren . . . Der Berufsberater des Arbeitsamtes sagte, daß Lehrer Mangelware seien und relativ gut bezahlt werden . . . Das Philologiestudium würde mich reizen . . . Zwei befreundete Pädagogen meinten, ich hätte ausgesprochen gute erzieherische Fähigkeiten . . . In der Jugendgruppe, die ich seit zwei Jahren leite, habe ich praktisch erlebt, daß ich bei jungen Menschen ankomme und gewisse Erfolge habe . . . Im Grunde wäre ich dem Lehrerberuf gar nicht so abgeneigt . . . Wichtig ist mir vor allem, daß ich anderen Menschen nütze — das Geldverdienen tritt demgegenüber in den Hintergrund.‹

Weisen diese Sätze alle in dieselbe Richtung? Werden Sie dadurch bestärkt und ermutigt, Lehrer zu werden? Da Sie pädagogisch interessiert sind, möchte ich Ihnen kurz mitteilen, wie man erreichen kann, daß jemand in seiner Meinung sicher und in seinem Verhalten bestärkt wird: Man nimmt entscheidende Meinungs- und Gefühlsäußerungen auf, man wiederholt und ordnet sie; auf diese Weise entsteht aus vereinzelten und verstreuten Mosaikbausteinen ein geschlossenes und klares Bild.

Diese pädagogische Methode hat allerdings eine Gefahr: Allzuleicht nimmt man nur die Mosaikbausteine auf, die zusammenpassen, und alles andere läßt man stillschweigend unter den Tisch fallen. Ich gestehe offen, daß ich bisher nach diesem Schema vorging. Ich möchte mein Verfahren korrigieren, indem ich jetzt noch die Punkte aufzähle, die gegen den Lehrerberuf sprechen: Sie fürchten, dieser Beruf würde Sie ›nicht ausfüllen‹ und ›nicht recht befriedigen‹. Ich frage mich: Müßten Sie das eventuell von jedem Beruf sagen? Müssen Sie vielleicht in jedem Fall einen Kompromiß schließen zwischen

126

dem, was Ihnen Befriedigung und Nutzen bringt, und dem, was anderen Menschen nützt und hilft? Haben Sie die Möglichkeit, sich außerhalb des Berufs ebenfalls Befriedigung und Erfüllung zu suchen?

Sie fürchten, daß der Schulbetrieb ›eine Massenabfertigung‹ sei, Sie also ›nicht auf den einzelnen Menschen eingehen können‹. Ich teile diese Befürchtung, vertrete aber gleichzeitig die Meinung: Es gibt Lehrer, die gegen den Strom und gegen die Masse ankämpfen und sich trotz allem Zeit nehmen für den einzelnen Menschen. Ob Sie zu diesen Menschen gehören?

Ich schließe mit der Bitte, daß Sie meine strukturierende Antwort, meine Rückfragen und persönlichen Meinungsäußerungen kritisch lesen,

Ihr W. Weber.

Ergänzung:

5. Praktische Übungen

1. Um die Struktur eines Gesprächs in ihren Ausformungen und Verästelungen erkennen zu lernen (hierbei geht es vor allem auch um die Art, wie sich Klienten- und Therapeutenäußerungen gegenseitig beeinflussen), ist es nötig, Gesprächsprotokolle (nach Möglichkeit auch Tonbandaufnahmen) anzufertigen. Unterziehen Sie sich der Mühe, in regelmäßigen Abständen direkt nach einem Gespräch ein möglichst wortgetreues Protokoll anzufertigen! Analysieren Sie es, möglichst gemeinsam mit anderen Fachleuten! Werten Sie auch Gesprächsprotokolle anderer Personen aus (z. B. Protokolle aus entsprechender Fachliteratur, Protokolle Ihrer Kollegen)! Sie können auch die Gesprächsprotokolle dieses Buches zum Einüben des Strukturierens benützen.

2. Ein einfaches Schema, wichtige Strukturen eines Gesprächs aufzuzeichnen, sieht so aus (Auf einem entsprechenden Vordruck lassen sich teilweise schon während eines Gesprächs gewisse Eintragungen machen, das gilt z. B. für das Gespräch innerhalb der Telefonseelsorge. Auch die zeitliche Abfolge läßt sich innerhalb dieses Schemas festhalten, sofern man Querlinien zieht und dann eine Zeile nach der anderen füllt):

Siehe Strukturskizze auf S. 128

Strukturskizze:

1) Persönl. Daten des Klienten	2) Haupt-fragen	3) Gefühls-starke und personnahe Äußerungen	4) Sonst. wichtige Einzelbeob-achtungen	5) Wichtige Äußerungen des The-rapeuten

20. Kapitel

Fragen des Klienten an den Therapeuten

Vorübung

Nachstehend finden Sie drei Aussagen eines 22jährigen Studenten, die er ganz am Anfang eines Beratungsgesprächs vorbrachte. Bitte schreiben Sie auf ein Blatt Papier, wie Sie spontan darauf antworten würden. Sofern Sie in einer Arbeitsgruppe lernen, kann ein Gruppenmitglied diese Klientenäußerungen sprechen, ein anderes Mitglied (es können auch mehrere nacheinander sein) gibt darauf eine helfende Antwort. Das Kurzgespräch wird auf Tonband aufgenommen und anschließend von der Gruppe kurz analysiert. Eine zweite gemeinsame Analyse erfolgt, nachdem die Informationen dieses Kapitels gelesen und diskutiert sind.

Klientenäußerung 1: *Wenn meine Freundin und ich auf den Geschlechtsverkehr verzichten, werden wir von Kirche und Gesellschaft gelobt und haben ein gutes Gewissen, aber es fehlt uns viel: Die körperlich-sexuelle Liebe führt ein kümmerliches Schattendasein und hinkt hinter den geistigen und seelischen Beziehungen und Bindungen her. Nehmen wir aber schon jetzt die sexuelle Liebe ganz herein, so stellt sich trotz der Schönheit des Erlebens so etwas wie Isolierung und Schuld ein. Können Sie uns einen Rat geben?*

Therapeutenäußerung 1:

Kl. 2: *Müssen wir im Blick auf den vorehelichen Geschlechtsverkehr ebenso handeln, wie die Allgemeinheit es fordert, oder dürfen wir nach einem individuellen Gesetz leben? Aber müßten wir dann nicht zugeben: Was für uns recht ist, ist auch für andere recht und billig?*

Th. 2:

Kl. 3: *Hätten meine Freundin und ich Geld zum Heiraten, Geld für Wohnungsmiete und Einrichtungsgegenstände usw., würden wir sofort zum Standesamt gehen, und dann wäre die Frage des vorehelichen Geschlechtsverkehrs gelöst. Ist das nicht irrsinnig und paradox: Weil wir kein Geld haben, dürfen wir keinen Geschlechtsverkehr haben? Unsere Eltern lehnen den Intimverkehr vor der Ehe ab, tun aber so gut wie nichts dafür, daß wir heiraten können. Sie machen's sich selber sehr leicht und uns sehr schwer. Was würden Sie in dieser Lage tun?*

Th. 3:

1. Lernimpuls

Häufig stellen Klienten direkte Fragen an den Therapeuten (Seelsorger, Berater), wollen seine Meinung und seinen Rat hören. Beliebt sind Fragestellungen wie: »Was soll ich tun?«, »Was raten Sie mir?«, »Was meinen Sie zu diesem Thema?«, »Was würden Sie in meiner Lage tun?«, »Wie finde ich die rechte Entscheidung?«, »Warum ist das alles so gekommen?«, »Wie komme ich aus diesem Konflikt heraus?«

Für das helfende und heilende Gespräch sind die Fragen des Klienten an den Therapeuten eine Klippe: Oft wird der Therapeut die (exakte) Antwort nicht kennen; falls er die Antwort weiß, ist es fraglich, ob sie vom Klienten verstanden und angenommen werden kann, wenn sie einfach direkt ausgesprochen wird. Wie kann der Therapeut methodisch exakt und hilfreich mit den Fragen des Klienten umgehen?

These 1: In der Regel ist es fragwürdig und gefährlich, wenn der Therapeut auf Klientenfragen (spontan) eine direkte Antwort gibt.

These 2: In der Regel ist es fruchtbar und hilfreich, wenn der Therapeut die Frage des Klienten in angemessener Form an den Fragesteller zurückgibt: Die Frage wird im Sinne der spiegelnden Methode zurückgespiegelt (Verwendung von Synonymen und Antonymen, Verbalisierung der mit der Frage verknüpften Gefühle und Wünsche), dazu kommt das unbedingte Annehmen des Klienten sowie das aktive Bemühen und die Echtheit des Therapeuten (vgl. die Kapitel 7, 8, 9 und 11).

2. Begründung

1. Zu These 1:
Begründungen ergeben sich, wenn man folgende Fragestellungen bedenkt:

a) Ist eine direkte Antwort des Therapeuten frei von subjektiver Eigenart? Kann die subjektive und individuelle Antwort des Therapeuten dem Klienten helfen, der ebenfalls ein subjektives, individuelles und originales Geschöpf ist?

b) Kann der Therapeut eine Frage des Klienten exakt und hilfreich beantworten, ohne den Kontext der Frage und die höchst individuelle Struktur des Fragenden genau zu kennen? Kennt der Klient sich selber und seine Frage eventuell genauer als der Therapeut?

c) Hat der Klient für sich selber keine Vorüberlegungen angestellt und einige mögliche Antworten selber gefunden? Was geschieht, wenn der Therapeut dieses Material übersieht und einfach direkt antwortet?

d) Hat der Klient Ängste vor einer Entscheidung und deren Folgen, also Angst vor eigener Verantwortung? Werden diese Ängste in der Tiefe beseitigt und kann der Klient die Folgen einer Entscheidung ohne weiteres auf sich nehmen, wenn der Therapeut eine direkte Antwort liefert?

e) Will der Klient eine direkte und ihn dirigierende Antwort? Will er sich in die Rolle des »Kindes« begeben, das die autoritäre Antwort des »Vaters« braucht? Will der Therapeut die Rolle des »allwissenden Vaters« übernehmen, den man ständig fragen kann und der die Hauptverantwortung übernimmt?

Ergänzung:

2. Zu These 2:
Die Frage an den Klienten zurückzugeben, ist sinnvoll und fruchtbar,

a) weil der Therapeut das eigenständige Nachdenken, Suchen und Finden des Klienten fördern muß und ein Abhängigwerden des Klienten verhindern will,

b) weil der Klient seine Möglichkeiten (Stärken und Schwächen) oft genauer kennt als der Therapeut,

c) weil der Therapeut in der Regel überfordert ist, sollte er eine exakte und individuell zugeschnittene Antwort geben,

d) weil dem Klienten die Entscheidung und die Verantwortlichkeit nicht abgenommen werden kann – würde der Therapeut die Verantwortung übernehmen, wäre er automatisch für alle Konsequenzen verantwortlich,

e) weil der Therapeut die »Gefahren und Laster der Gesprächsführung« (vgl. Kap. 2!) vermeiden möchte, so zum Beispiel das Dirigieren, Dogmatisieren, Generalisieren, Moralisieren, Rationalisieren, Projizieren usw.
Ergänzung:

3. Konkretion

1. Ein fruchtbarer Umgang mit Klientenfragen im Sinne der oben angeführten These 2 kann in der Praxis so aussehen, daß der Therapeut dem Fragesteller etwa antwortet:

a) »Wenn ich Sie recht verstanden habe, stehen Sie vor der Frage: ...«
»Ja, ich frage mich: ...«
»Wenn ich es recht sehe, heißt unsere Frage ...«
Der Therapeut verbalisiert die Frage neu, nimmt dabei die Gefühle, Wünsche und Wertvorstellungen des Klienten mit herein, versucht zu konkretisieren.

b) »Diese Frage bereitet Ihnen einige Schwierigkeiten.«
»Diese Frage macht Sie ziemlich unruhig, geht Ihnen sehr zu Herzen.«
»Ich versuche mir vorzustellen, welche Gefühle Sie angesichts dieser Frage haben.«

c) »Mich beschäftigt, ob Sie eine bestimmte Antwort von mir erwarten.«

d) »Sie haben sich sicherlich schon selber Gedanken gemacht, selber einige Antworten erwogen.«

e) »Sie haben das Gefühl, daß Sie da verschiedene Möglichkeiten haben: Einerseits ..., andererseits ...«

f) »Sie spüren, daß hinter Ihrer Frage vielleicht noch andere Fragen stehen.«
»Ist es so, daß Sie sich mit einem ganzen Bündel von Fragen auseinandersetzen müssen?«

g) »Vielleicht können wir gemeinsam nach der für Sie gültigen Antwort suchen.«
»Ich frage mich, ob wir gemeinsam das Für und Wider abwägen sollen.«
Ergänzung:

2. Was geschieht, wenn die Frage des Klienten zurückgespiegelt wird, gepaart mit emotionaler Wärme und aktivem Bemühen, aber der Klient geht nicht darauf ein? Manche Klienten haben die feste Erwartung, daß der Therapeut die Antwort weiß und ausspricht. Sie sind überrascht oder sogar enttäuscht, wenn das nicht geschieht. In dieser Lage kann der Therapeut kurz erklären, warum er eine direkte und schnelle Antwort nicht geben kann und nicht geben darf (siehe obige Begründungen). Das mag den Klienten belasten, aber eine wesentlich größere Belastung kann es werden, wenn der Klient eine vorschnelle und oberflächliche, eine nicht »maßgeschneiderte« Antwort erhält (oft merkt der Klient erst später, daß ihm die Antwort des Therapeuten nicht angemessen ist und also nicht hilft). Sehr bedeutsam ist die Frage, ob der Therapeut die innere Spannkraft hat, vor dem Klienten und vor sich selber zuzugeben, daß er zu einer direkten Antwort nicht autorisiert ist; groß ist die Versuchung, mit therapeutischem Wissen oder mit »Lebenserfahrung« glänzen zu wollen.

3. Was kann geschehen, wenn der Klient auf seinen Fragen beharrt und vom Therapeuten unbedingt eine direkte Antwort möchte? Zunächst kann der Therapeut dieses Bedürfnis des Klienten spiegeln. Besteht der Klient immer noch auf einer Antwort, ergeben sich zwei Möglichkeiten:

a) Der Therapeut versucht, im Sinne eines Angebots eine (vorläufige) Antwort zu geben. Das kann in der Praxis so aussehen:
Der Therapeut bietet verschiedene Antworten an und überläßt es dem Klienten, herauszufinden, was für ihn gültig ist.
Der Therapeut wagt eine Antwort, schließt sie aber mit einer Frage ab, etwa so: »Ich möchte auf Ihre direkte Frage folgende Antwort wagen: ... Ich frage mich, ob diese Antwort zu Ihnen paßt (Wo hilft Ihnen diese Antwort, wo hilft sie nicht? Haben Sie eine andere Ansicht?).«
Möglich erscheint auch folgende Therapeutenäußerung: »Ich versuche eine Antwort zu geben, aber bleiben Sie bitte kritisch, denn meine Antwort muß nicht Ihre Antwort sein. Ich möchte Ihnen so antworten: ...«
b) Der Therapeut mutet dem Klienten und sich selber zu, daß (im Augenblick) keine Antwort und Lösung zu finden ist. Bedeutsam erscheint, diese oft bittere und harte Aussage in eine Form zu kleiden, die der Fragesteller akzeptieren kann (nicht kalt, unbeteiligt oder gar aggressiv formulieren!), etwa so:
»Ich leide ebenso wie Sie darunter, daß wir (im Augenblick) keine lösende Antwort finden.«
»Es fällt mir ähnlich wie Ihnen schwer, daß wir (momentan) keine Antwort finden können.«
»Es tut mir leid, ich bin hier (im Augenblick) überfragt. Was könnten wir jetzt tun?« An diese offene Frage können sich unter Umständen folgende anregende Fragen anschließen:
»Können Sie sich vorstellen, daß jemand anderes die lösende Antwort weiß?«

»Ist es so, daß Ihre Fragen vielleicht erst im Lauf der Zeit zu beantworten sind?«

»Können wir gemeinsam einen Weg finden, daß Sie mit dieser ungelösten (und vielleicht unlösbaren) Frage leben können?«

Ergänzung:

4. Praktische Übungen

Sie finden fünf Klientenäußerungen, die alle in eine Frage an den Therapeuten einmünden. Anhand dieser Klientenäußerungen können Sie sich folgende Aufgaben stellen:

1. Sie nehmen sich viel Zeit und suchen eine möglichst hilfreiche Antwort: Diese schreiben Sie auf ein Blatt Papier. Übungsvariante: Sie haben nur kurze Zeit zum Überlegen und notieren also spontan eine therapeutische Antwort. – Nach Möglichkeit analysieren Sie Ihre Antwort gemeinsam mit einem Supervisor oder einer Arbeitsgruppe.

2. Innerhalb einer Arbeitsgruppe wird ein Rollenspiel durchgeführt, das mit einer der unten angeführten Klientenäußerungen beginnt und dann in freier Form weitergeführt wird. (Natürlich kann der Schauspieler-Klient auch ein Thema aus seinem eigenen Leben aufnehmen, sofern er dazu einige echte Fragen hat.) Nach Möglichkeit soll die Klientenrolle so gespielt werden, daß der Therapeut sich vielen Fragen ausgesetzt sieht. Die Therapeuten-Rolle sollte einigemal so durchgeführt werden, daß auf direkte Antworten (weithin) verzichtet wird. Es kann aber auch lehrreich sein, wenn die Rolle einigemal so gespielt wird, daß man dem Klienten Antworten und Lösungen gibt: Welche Auswirkungen hat das? Das Rollenspiel soll nicht lange dauern, damit es überschaubar bleibt und weil viele Gruppenmitglieder zum Üben kommen sollen. Es wird auf Tonband aufgenommen und dann gemeinsam analysiert.

Klient A (18 Jahre, Banklehrling): *Muß ich mir mit 18 Jahren alles genau vorschreiben lassen? Mein Vater sagt: Ich dulde keine Widerrede und keinen Widerstand! Solange du noch die Beine unter meinen Tisch streckst, hast du zu gehorchen! Widersetze ich mich dieser direkten Drohung, dann verliere ich meinen Vater und seine Zuwendungen. Gebe ich aber nach, so verliere ich mich selbst, d. h. mein eigenes Wesen und die Achtung vor mir selbst. Wofür soll ich mich da entscheiden?*

Klientin B (22 Jahre, Musikstudentin): *Auf der einen Seite verdanke ich es der Strenge meiner Eltern, daß ich ausgezeichnet Klavier spielen kann – aber ich denke andererseits mit Schrecken an die Übungsstunden zu Hause: Hätte man mit anderen Methoden nicht ebenso weit kommen können? Meine Geschwister und ich wurden meistens sehr hart angefaßt, unsere Eltern begründeten das mit »Erfahrungen aus der Vergangenheit« und mit »Sorge um die Zukunft der Kinder«: Aber war es nicht oft blanke Herrschsucht und pure Freude an der Machtausübung? War es nicht oft* eine Sorge um das eigene Ich und nicht die Sorge um die Kinder? Mein eigenes Verhalten ist unsicher und schwankt von einem zum anderen Extrem: Gegenüber meinen Mitmenschen trete ich entweder autoritär oder extrem antiautoritär auf, wobei beides nicht gut ankommt. Wo liegt die hilfreiche Mitte?

Klient C (24 Jahre, Drogist): *Ich hatte meiner Freundin versprochen, Ihre Angst und Zurückhaltung gegenüber dem Intimverkehr zu respektieren. Trotzdem ist es nun zum Verkehr gekommen. Meine Freundin macht mir nicht viel Vorwürfe, ich mache sie mir hauptsächlich selber. Ich stelle fest: Obwohl ich ziemlich rational veranlagt bin und es ehrlich nicht wollte, habe ich es nun doch gemacht. Obwohl ich das Ich meiner Freundin respektiere und Zwang verabscheue, habe ich doch mein eigenes Ich durchgesetzt und auf Geschlechtsverkehr gedrängt. Wie komme ich aus diesem Dilemma heraus?*

Klientin D (35 Jahre, verheiratet, 2 Kinder): *Mein Mann sagt, daß chemische, mechanische und hormonelle Methoden der Empfängnisverhütung unnatürlich und ungesund seien. Er will den ehelichen Verkehr nur an den empfängnisfreien Tagen pflegen. Von dieser Meinung kann ich ihn einfach nicht abbringen, wie kann ich ihn endlich überzeugen?*

Klientin E (42 Jahre, verheiratet, 3 Kinder): *Mein Mann gibt mir keinen Einblick in sein Leben — von seinem eigentlichen Wesen weiß ich fast nichts. Alle meine Bemühungen um Gespräche schlagen fehl. Wenn ich etwas mitteilen will und hole dabei etwas weiter aus, dann heißt es: »Ich will keinen Vortrag!« Bin ich anderer Meinung als er, bricht er das Gespräch ab mit der Bemerkung: »Ich brauche keinen Streit!« Da ich ohne Aussprache und Ansprache nicht leben kann, möchte ich fragen: Was soll ich tun? Und warum ist mein Mann so, wie er ist?*

21. Kapitel

Fragen des Therapeuten an den Klienten

Vorübung

Für den Einstieg in die vorliegende Thematik ist es günstig, wenn Sie (allein oder in der Gruppe) kurz folgende Fragestellungen überlegen:

a) In welchem Umfang haben Sie, wenn Sie helfende und heilende Gespräche führen, gewisse Neigungen, an Ihren Gesprächspartner Fragen zu richten?

b) Warum stellen Sie dem Klienten Fragen?

c) In welchen Situationen greifen Sie gerne zu Fragen? Haben Sie »Lieblingsfragen«, die Sie häufig einsetzen (z. B. die Frage nach dem »Warum«)?

d) Wie würden Sie sich wohl als Klient fühlen, wenn Ihr Therapeut Ihnen viele Fragen stellt?

1. Lernimpuls

Soweit der Therapeut (Seelsorger, Sozialarbeiter, Erzieher) innerhalb des helfenden und heilenden Gesprächs Fragen an den Klienten richtet, geschieht das mit Methode. Der Therapeut weiß: »Fragen können sich als ebenso hilfreich wie destruktiv auswirken. Sie können Zeit kosten und Zeit sparen. Sie können die Herstellung der helfenden Beziehung ... beschleunigen oder verhindern«[1]. Der Therapeut weiß, wie ein fragwürdiges und gefährliches Fragen aussieht und beschränkt sich auf ein fruchtbares Fragen, das den Klienten weiterbringt. Im folgenden Abschnitt wird in thesenhafter Kürze konkret dargestellt, welche Formen des Fragens therapeutisch gefährlich scheinen und wie ein hilfreiches therapeutisches Fragen aussehen kann.

2. Konkretion

1. Folgende Formen von Therapeutenfragen sind für den Klienten gefährlich oder schädlich:

a) Vielzahl von Fragen. Gefahr:
Die Redefreiheit des Klienten, der freie Fluß seiner Gedanken und Gefühle kann gefährdet werden; der Therapeut dirigiert den Gesprächsverlauf nach eigenem Ermessen. Beim Klienten kann das Gefühl entstehen, daß er einem Kreuzverhör oder einem neugierigen Informationshunger (Sensationslust) ausgesetzt ist. Der Klient kann in Passivität und Unmündigkeit versinken, so daß er darauf verzichtet, sich selber zu erkunden und zu befragen. Außerdem könnte er erwarten, daß der Therapeut eine Gesamtlösung anbietet, nachdem er viele Einzelfragen hat.

b) Direkte Fragen. Gefahr:
Der Klient kann das Gefühl haben, daß er unbedingt antworten muß; er

---

[1] *Ruth Bang*, Das gezielte Gespräch, 1. Teil, München/Basel 1968, 121; weitere Informationen auf den Seiten 121–149 und bei *J. Scharfenberg*, Seelsorge als Gespräch, Göttingen 1972, 104–107.

muß etwas tun, was er (noch) nicht kann oder will; er wird unter einen angsterregenden Druck gesetzt.

c) Schwierige Fragen. Gefahr:
Der Klient kann sich überfordert fühlen und wird mutlos.

d) Sehr leichte Fragen. Gefahr:
Im Klienten kann der Eindruck entstehen, er und sein Problem würden verniedlicht und simplifiziert.

e) Doppelfragen. Gefahr:
Wird der Klient mit zwei (oder noch mehr) Fragen auf einmal konfrontiert, kann er verwirrt und überfordert werden.

f) Verhörfragen. Gefahr:
Wenn der Klient Mißtrauen und Überführungstendenzen hinter Fragen vermuten muß, zieht er sich zurück oder macht eine Flucht nach vorne und wird aggressiv.

g) Suggestivfragen. Gefahr:
Der Klient wird leicht manipuliert, wenn er gefragt wird: »Meinen Sie nicht auch, daß ...« Auf diese Weise können Antworten unterschoben werden.

h) Alternativfragen. Gefahr:
Die Antwort des Klienten erfährt eine gewisse Vorstrukturierung, wenn er im Sinne eines Entweder-Oder gefragt wird: »Haben Sie mit dem Streit angefangen oder war es Ihre Frau?«

i) Ja-Nein-Fragen. Gefahr:
Erhält der Klient eine Frage, auf die er mit einem einfachen Ja oder Nein antworten kann (»Arbeiten Sie gerne in der neuen Firma?«), so wird er kaum zu eigenem Nachdenken und zu weiteren Aussagen angeregt – der Therapeut muß weitere Fragen stellen und also die Gesprächsführung übernehmen.

k) Warum-Fragen. Gefahr:
Die Frage nach dem Warum (»Warum haben Sie das getan?«, »Warum ist das alles so gekommen?«) bedeutet für den Klienten leicht eine Überforderung und kann zu einseitig rationalen Erklärungsversuchen sowie zu angstbesetzten Rechtfertigungsversuchen auffordern.

l) Zufallsfragen – Verlegenheitsfragen – Überraschungsfragen. Gefahr:
Diese Art des Fragens ist nicht gezielt und nicht auf den Klienten zentriert. Leicht können solche Fragen entstehen, wenn dem Therapeuten eine Gesprächspause zu lange oder ein Gesprächsthema zu »heiß« erscheint.

Ergänzung:

2. Die Fragen des Therapeuten an den Klienten sind in der Regel fruchtbar und hilfreich, wenn sie folgende Formen haben:

a) Allgemeine Grundregeln:
Der Therapeut läßt sich in seinem Fragen von folgenden Gesichtspunkten bestimmen:
Partnerschaft und Toleranz (vgl. Kap. 4),
partnerzentriertes Verhalten (vgl. Kap. 5),
methodisches Zuhören (vgl. Kap. 6),
unbedingtes Annehmen und Wertschätzen (vgl. Kap. 7),
spiegelnde Methode (vgl. Kap. 8),
aktives Bemühen und Suchen (vgl. Kap. 9),
Annäherung im Anspruchsniveau (vgl. Kap. 15),
Distanz und Nähe (vgl. Kap. 17),
Strukturierung des Gesprächs (vgl. Kap. 19).

b) Der Therapeut wartet mit seiner Frage ab, bis der Klient an einen Punkt kommt, wo die Frage exakt hereinpaßt. Wenn der Therapeut abwartet, stellt sich der Klient die nötigen Fragen oftmals selber.

c) Der Therapeut stellt nur notwendige Fragen, z. B. unentbehrliche Informationsfragen.

d) Der Therapeut macht die Motive seines Fragens durchsichtig und einsichtig: Der Klient soll verstehen, warum er gefragt wird.

e) Der Therapeut formuliert seine Fragen möglichst kurz, konkret und leicht verständlich.

f) Der Therapeut stellt seine Fragen so, daß der Klient frei entscheiden kann, ob und inwieweit er darauf eingeht. Das kann so aussehen, daß der Therapeut an seine Frage den Satz anschließt:
»Wollen Sie auf diese Frage eingehen?«
»Erscheint Ihnen (in diesem Augenblick) diese Frage wichtig?«
Ehe er eine Frage stellt, kann der Therapeut anmerken:
»Kann es sein, daß die folgende Frage Sie weiterbringt?«

g) Der Therapeut formuliert seine Frage indirekt, weil er weiß, daß eine direkte Frage beim Klienten zu Angst und Rückzug führen kann. Die Frage kann etwa so eingeleitet werden:
»Mich beschäftigt momentan folgende Frage: . . .«
»Wenn ich es recht sehe, wollen Sie folgende Frage lösen: . . .«
»Ich frage mich: . . .«

h) Der Therapeut stellt seine Frage offen, so daß sie nach verschiedenen Richtungen beantwortet werden kann und sich der Klient in seiner Antwort also frei und umfassend entfalten kann. Beispiele:
»Wollen Sie mir über Ihren Konflikt noch mehr berichten?«
»Es beschäftigt mich, was (jetzt) in Ihnen vorgeht (was Ihnen dazu einfällt).«

»Ich frage mich, was Ihr Gefühl dazu sagt.«

i) Der Therapeut erinnert sich, daß es einem indirekten Fragen nahe-kommt, wenn er den bisherigen Gesprächsverlauf (ganz oder teilweise) strukturiert (vgl. Kapitel 19: »Strukturierung des Gesprächs«). Er zählt also kurz die wichtigsten Gedanken und Gefühle (Schlüsselsätze!) des Gesprächs auf. Die Strukturierung des Gesprächs kann so eingeleitet werden:
»Darf ich kurz zusammenfassen, wie unser Gespräch bisher verlief?«
»Ist es Ihnen recht, wenn ich versuche, einige wichtige Punkte unseres Gesprächs aufzuzählen?«

k) Der Therapeut greift auf die spiegelnde Methode (vgl. Kap. 8) zurück, denn er weiß: Diese Methode kommt einem indirekten Fragen gleich, weil sie den Klienten zu Selbstbefragung und Selbsterkundung (Selbstexploration) anregt.

Ergänzung:

3. Praktische Übung

Der Lernstoff dieses Kapitels wird anhand von Rollenspielen eingeübt. Genaue Regieanweisungen zum Rollenspiel und seinen verschiedenen Varianten stehen in Kapitel 8, Übung 8.

22. Kapitel

Gesprächspausen

Vorübung

1. *Allgemeine Aufgabe* (ca. 3 Min.):
Erinnern Sie sich an Gesprächspausen, die Sie als Therapeut (oder als Klient) erlebt haben! Denken Sie sich intensiv in die Situation hinein, die während einer Gesprächspause entsteht! Wie würden Sie reagieren?

2. *Spezielle Aufgabe* (ca. 10 Min.):
Was fällt Ihnen zu folgenden Fragen ein:
a) Was erlebt der Klient, wenn eine Gesprächspause entsteht?
b) Wann und warum beendet er eine Pause?
c) Was geht im Therapeuten vor, wenn eine Gesprächspause eintritt?
d) Warum möchte er eine Pause beenden?
e) Warum könnte er warten, bis der Klient die Pause beendet?

Bitte, notieren Sie stichwortartig Ihre Einfälle. Im Anschluß daran lesen Sie die nachstehenden Informationen; Ergänzungen (aufgrund Ihrer Notizen) und Kritik sind auch hier nötig.

1. Ursachen von Gesprächspausen

Ursachen in der Person des Klienten:

1. Er leidet an einer allgemeinen Kontakt- und Redehemmung.
2. Es fehlt ihm allgemein an gedanklicher Klarheit und sprachlicher Ausdruckskraft.
3. Er hat kaum Möglichkeiten zu Leistung und Kooperation.
4. Er leidet unter ungünstigen äußeren Umständen (Zimmereinrichtung, Sitzordnung, Lärmbelästigung usw.).
5. Er hat gewichtige Gedanken und Gefühle, die ihn innerlich weiterbringen, aber er möchte sie momentan nicht aussprechen.
6. Er fühlt, daß die augenblickliche Thematik abgeschlossen ist.
7. Er kommt an einen kritischen (Wende-)Punkt, das Thema wird ihm zu heiß.
8. Er findet keinen Ausweg und resigniert.
9. Er hat Hemmungen, seine Gedanken und Gefühle auszusprechen, weil sie intim oder peinlich sind.
10. Er mißtraut dem Therapeuten (zu Recht oder zu Unrecht) und hat Kritik gegenüber seiner Methode (vgl. die methodischen Fehler, die im Kapitel »Gefahren und Laster der Gesprächsführung« aufgezählt sind).
11. Er hat starke Gefühle der Sympathie für den Therapeuten.
12. Er braucht eine Pause, um Erkenntnisse und Gefühle zu verarbeiten.

13. Er hat einen spontanen Einfall, eine unerwartete Assoziation.

14. Er steuert eine neue Erkenntnis oder ein ganz neues Thema an.

15. Er braucht eine Pause als »Stille vor dem Sturm«, gleich folgt eine emotionale Explosion (Wutausbruch, Tränenausbruch usw.).

16. Er empfindet Widerstand gegenüber dem Therapeuten.

17. Er fühlt sich alleingelassen (z. B. weil er keine Verbalisierung emotionaler Erlebnisinhalte erfährt).

18. Er ist müde und kann sich momentan nicht konzentrieren.

Ergänzung:

Ursachen in der Person des Therapeuten:

1. Er paßt sich an das Schweigen des Klienten an, weil dieses fruchtbar erscheint.

2. Er ist müde, gleichgültig, enttäuscht, hilflos, gekränkt usw.

3. Er schweigt aus Gründen der Selbstbehauptung oder Taktik, etwa nach dem Motto: »Wenn ich nichts sage, sage ich nichts Falsches.«

Ergänzung:

2. Fragwürdiger Umgang mit Pausen

Im Umgang mit Gesprächspausen kann es beim *Therapeuten* zu folgenden Fehlhaltungen kommen:

1. Peinlich-unsichere Bewegungen: Beine übereinanderschlagen, Arme kreuzen, zur Zigarette greifen, auf die Uhr schauen, sich unruhig auf dem Stuhl oder im Sessel bewegen, oder unruhig, gelangweilt umherschauen,

2. den Partner direkt anschauen und fixieren (Erwartungs- und Leistungsdruck),

3. in Gedanken abschweifen: Über zurückliegende Gesprächsinhalte nachdenken, um persönliche Dinge kreisen,

4. Pause selber beenden: Ein früheres Gesprächsthema aufgreifen, ein neues Thema anschneiden, Fragen stellen (»Was ich schon lange fragen wollte . . .«),

5. unter Zeitdruck stehen, die Pause als unproduktiv verstehen und deshalb aktivistisch und autoritär »weitermachen«,

6. die Ausweglosigkeit der Situation des Klienten und die Macht- und Ratlosigkeit des Therapeuten überspielen, indem man zu irgendeiner Aktivität greift,

7. dem Klienten zeigen, wie erfahren und klug und hilfreich man ist (Machtstreben, Erfolgsdrang).

8. vgl. das Kapitel über »Gefahren und Laster der Gesprächsführung«.

Ergänzung:

140

Im Umgang mit Gesprächspausen kann es beim *Klienten* zu folgenden fragwürdigen oder unfruchtbaren Einstellungen kommen:

1. Er flüchtet in eine Vielrednerei, die therapeutisch wenig einbringt,

2. er verliert und verirrt sich im Schweigen, so daß er keinen neuen Ansatz findet,

3. er erwartet (prinzipiell), daß der Therapeut die Pause beendet und dem Gespräch eine sinnvolle Richtung gibt.

Ergänzung:

3. Hilfreicher Umgang mit Pausen

1. Sich in die Situation des Klienten versetzen, seinen inneren Bezugsrahmen aufsuchen: Was geht in ihm vor? Wo steht er? Wohin will er? Wie fühlt er sich in diesem Augenblick?

2. Den inneren Bezugsrahmen des Klienten (mehr allgemein oder mehr spezifisch-konkret) verbalisieren:

a) »Ich versuche mir vorzustellen, wie Sie diese Pause erleben.«

b) »Ich weiß nicht genau, ob Sie diese Pause eher störend oder eher angenehm empfinden, was da in Ihnen vorgeht.«

c) »Ich habe das Gefühl, diese Pause sei hilfreich und schöpferisch, verstehe ich Sie so richtig?«

d) »Wenn ich Sie recht verstehe, erleben Sie diese Pause nicht bedrückend und leer: Sie haben Zeit zum Nachdenken, können in sich hineinhorchen, können neue Gedanken und Gefühle kommen lassen.«

3. Sich an die Gründe erinnern, die den Klienten zu einer Pause veranlassen können.

4. Sich bewußt machen, was man als Therapeut während der Gesprächspause empfindet (Geduld oder Unruhe, Gleichgültigkeit oder aktives Bemühen).

5. Ruhe ausstrahlen, indem man keine auffälligen Bewegungen macht, ruhig sitzt und ruhig blickt.

6. Geduldig warten, bis der Klient sein Thema findet und dort weitermacht, wo er gerade steht.

7. Kurz erklären, daß Pausen zur Therapie gehören und nicht krampfhaft überwunden werden müssen. Zwei Beispiele:

»Ich kann mir denken, daß Sie in der Pause Ähnliches erleben wie jener Schwarzafrikaner, der erstmals in einem Auto mitfuhr. Nach zwei Kilometern ließ er halten, stieg aus und setzte sich an den Straßenrand. Er sagte: ›Ich muß warten, bis meine Seele nachkommt.‹«

»Ich sehe nicht klar, wie Sie diese Pause erleben. Ich empfinde sie nicht als unangenehm und bin gerne mit Ihnen zusammen, auch wenn wir nicht reden.«

8. Die Dauer von Gesprächspausen nicht so stark ausdehnen, daß im Klienten ein Übermaß an Druck und Angst entsteht.
Ergänzung:

4. Praktische Übungen

1. Bitte führen Sie einige Rollenspiele durch, in denen es seitens des Klienten zu häufigen und langen Pausen kommt. Greifen Sie im Rollenspiel nach Möglichkeit auf Ernst-Situationen zurück, die Sie selber erlebt haben (als Therapeut oder als »Klient«).

2. Bitte suchen Sie therapeutische Antworten zu folgenden »Klientenäußerungen«:

a) Klient verfällt in Schweigen, schaut betreten auf seine Fußspitzen, macht ungezielte, unruhige Bewegungen, kratzt sich an der Nase, zündet sich eine Zigarette an, schaut auf die Uhr.

b) Klient schweigt, sitzt einigermaßen entspannt da, schaut lange auf einen Fleck.

c) Klient sieht den Therapeuten fragend und hilflos an, während er schweigt.

d) Klient schweigt und fängt schließlich an zu weinen.

e) Eine 30jährige Ehefrau klagt und schimpft 30 Minuten lang über ihren Mann, bricht dann plötzlich ab und schweigt bereits drei Minuten lang.

f) Eine junge Stenotypistin kommt unter Aufbietung all ihrer Kraft in die Sprechstunde, macht mit stockender Stimme einen Anfang, zieht dann einen Zettel aus der Handtasche und liest ab, was sie sagen will. Danach versinkt sie in Schweigen.

3. Über Tonband oder Video-Recorder wird ein Gespräch vorgeführt, in dem es (immer wieder) zu längeren Pausen kommt: Wie wäre angemessen zu reagieren?

23. Kapitel

Gesprächsanfang

Vorübung

Ehe Sie dieses Kapitel lesen, überlegen Sie bitte folgende Fragen:
a) Welche Gedanken und Gefühle allgemeiner Art können sich beim Therapeuten zu Beginn eines Gesprächs einstellen?
b) Welche Gefühle und Gedanken haben Klienten häufig am Anfang eines Gesprächs?
c) Wie läßt sich erreichen, daß ein Gespräch einen guten Start hat?

1. Thesen zum Gesprächsanfang

Sowohl für den Therapeuten als auch für den Klienten ist es nicht einfach, den Kontakt zum Gesprächspartner und zu einer bestimmten Thematik aufzunehmen. Insofern hängt von den ersten Sekunden und Minuten eines Gesprächs viel ab.

Bitte prüfen Sie folgende Thesen zum Gesprächsanfang:

1. Der Therapeut wartet ab, ob der Klient das Gespräch eröffnet. Der Therapeut ist offen für alle verbalen und nonverbalen Äußerungen, die ein Klient machen kann. Dieses Offensein bedeutet konkret, daß man mit großer Aufmerksamkeit und Konzentration zuhört und zusieht, gleichzeitig aber Ruhe und Geduld ausstrahlt (kein Drängen, keine Neugier).

2. Wenn der Klient nicht von sich aus den Anfang macht, kann der Therapeut ein offenes Angebot zum Reden machen. Beispiele: »Es steht Ihnen frei, womit Sie das Gespräch beginnen«, »Wir haben (fast) eine Stunde Zeit: Sie können alles erzählen, was Sie wollen.« Eine gezielte Frage würde den Klienten leicht in die Enge treiben oder gar manipulieren, eine direkte Aufforderung zum Reden kann ihn überfordern.

3. Nachdem der Klient angefangen hat zu sprechen, versucht der Therapeut relativ häufig, die Gefühle und Erlebnisse des Klienten zu verbalisieren. Auf diese Weise spürt der Klient, daß er verstanden und akzeptiert wird, daß er sich weiter öffnen und explorieren kann, daß sich der Therapeut engagiert mit aktivem Bemühen und Suchen.

Ergänzung:

2. Praktische Übung zu schwierigen Anfangssituationen

Bitte überlegen Sie, wie Sie sich in folgenden Situationen optimal verhalten könnten (bitte erwägen Sie vor allem Antworten nach der spiegelnden Methode!):

1. Der Klient startet mit einem Redeschwall, mit einer Fülle von Informationen, Erlebnissen, Gedanken und Gefühlen. Er spricht sozusagen »ohne Punkt und Komma«.

2. Der Klient möchte, nach wenigen informativen Aussagen, vom Therapeuten eine Meinung, einen Rat (vgl. dazu das Kapitel »Fragen des Klienten an den Therapeuten«).

3. Der Klient findet keinen Zugang zum Sprechen, er schweigt (vgl. dazu das Kapitel »Gesprächspausen«).

4. Der Klient beginnt das Gespräch mit Redewendungen wie:

a) »Ich weiß nicht, wie ich anfangen soll.«

b) »Ich habe ein ganz ausgefallenes Problem.«

c) »Ich bin völlig durcheinander, völlig fertig mit den Nerven.«

d) »Ich glaube nicht, daß Sie mir helfen können.«

e) »Ich habe große Hemmungen gegenüber einem Therapeuten (Seelsorger, Sozialarbeiter).«

f) »Ich würde eigentlich lieber mit einer Frau (einem Mann) sprechen.«

g) »Ich hatte Sie mir eigentlich älter (jünger) vorgestellt.«

h) »Sind Sie verheiratet?«, »Haben Sie auch Kinder?«

i) »Sie erinnern mich an eine bestimmte Person (Vater, Mutter, Lehrer, Freund etc.).«

Ergänzung:

24. Kapitel

Gesprächsabschluß

1. Lernimpuls

Um ein Gespräch sinnvoll und fruchtbar abzuschließen, muß der Therapeut die Motivationen überschauen, die ihn und den Klienten zum Abschluß veranlassen können. Ebenso bedeutsam ist die Frage: Welche Motivationen können im Klienten und im Therapeuten den Wunsch wecken, das Gespräch noch nicht zu beenden?

2. Thesen zum Gesprächsabschluß

1. Den *Therapeuten* können folgende Gründe motivieren:

a) Er macht die Erfahrung, daß nach etwa 60 Minuten die Leistungsfähigkeit auf beiden Seiten abnimmt und die Gefahr besteht, daß gewonnene Einsichten wieder verloren gehen: Gefahr der Überforderung und Überfütterung.

b) Er hat gegenüber dem Klienten und/oder dem Gesprächsthema starke Gefühle von Desinteresse oder Antipathie, die er momentan nicht in den Griff kriegt.

c) Er braucht Zeit und Ruhe, um das aktuelle Thema intellektuell und emotional zu verarbeiten.

d) Er muß sich anderen Pflichten widmen (ein anderer Klient wartet).
Ergänzung:

2. Den *Klienten* können folgende Gründe motivieren:

a) Er ist mit dem Gespräch und seinen Ergebnissen zufrieden und wird langsam müde.

b) Er ist mit sich selber und/oder dem Therapeuten unzufrieden und hat deshalb Gefühle der Wut oder der Resignation.

c) Er kann im Augenblick nicht zu weiteren Ergebnissen finden, weil er Angst vor weiterführenden Konsequenzen hat.
Ergänzung:

3. Der *Therapeut* hat manchmal den Wunsch, länger als 60 Minuten (mit einem Klienten) zu sprechen. Gründe könnten sein:

a) Er erkennt deutlich, daß dieser Klient am heutigen Tag ausnahmsweise etwas mehr Zeit braucht.

b) Er meint, sein eigenes Versagen oder die Unzufriedenheit des Klienten nicht ertragen zu können und unbedingt noch einige Schritte weiterkommen zu müssen.

c) Er empfindet gegenüber dem aktuellen Gesprächsthema und dem Klienten zu viel Interesse und Sympathie und verfällt deshalb in ein therapeutisch fragwürdiges Sichanklammern.

Ergänzung:

4. Der *Klient* hat manchmal den Wunsch, länger als 60 Minuten beim Therapeuten zu sein. Dafür gibt es verschiedene Gründe:

    a) Er möchte ein angesprochenes Problem vollends zu Ende führen und glaubt, daß er dazu nur noch wenig Zeit braucht.

    b) Er meint, daß er »alles auf einmal« besprechen kann.

    c) Er ist psychisch krank und kann deshalb kein Ende finden.

Ergänzung:

3. Konkretion

1. Der Therapeut überschaut die verschiedenen Gründe, die für und gegen eine »fristgerechte« Beendigung des Gesprächs sprechen, und verbalisiert diese, soweit das nötig erscheint. Dieses Verbalisieren geschieht so, daß es der Klient akzeptieren kann – der Therapeut kann beispielsweise zu Erklärungen und Begründungen greifen (kein Vorwurf, kein autoritäres Abfertigen!) und neue Gesprächstermine anbieten.

2. Der Therapeut kann (in unauffälliger Weise) eine Uhr aufstellen und etwa acht Minuten vor Gesprächsende auf diese verweisen.

3. Wenn ein Klient am Ende der offiziellen Gesprächszeit ein neues Thema anschneiden möchte – bei manchen Klienten kommt das ziemlich häufig vor –, kann der Therapeut so abschließen: »Mit diesem Thema können wir die nächste Sitzung beginnen.«

4. Manchmal ist es sinnvoll, daß der Therapeut zum Abschluß in knappen Worten wichtige Ergebnisse des Gesprächs zusammenfaßt. Das kann dem Klienten die Ablösung erleichtern, birgt allerdings die Gefahr der intellektuellen und emotionalen Verkürzung in sich.

Ergänzung:

25. Kapitel

Wege zur Diagnose

1. Lernimpuls

Ich informiere mich über verschiedene Möglichkeiten und Wege, zu einer Diagnose zu kommen. In der Praxis des Diagnostizierens bin ich systematisch und vorsichtig. Ich stelle eine vorläufige Diagnose: Ich verschaffe mir also ein möglichst klares Bild vom Gesprächspartner und seiner Situation, halte mich aber offen für eine Korrektur dieses Bildes.
Ergänzung:

2. Begründung

Innerhalb der psychologischen Tätigkeit dürfte eine zuverlässige und umfassende Diagnostik noch schwerer fallen als in der Medizin. Trotzdem muß als Voraussetzung für ein helfendes Handeln (Therapie) eine Diagnose gestellt werden, die allerdings nur vorläufig sein kann, weil sie einem komplexen und lebendigen Organismus gilt.
Ergänzung:

3. Kritische Reflexion

Verschiedene wissenschaftliche Untersuchungen weisen darauf hin, daß mit dem Diagnostizieren mannigfache Schwierigkeiten verbunden sind[1]:

1. Schwierigkeiten auf seiten des *Klienten*:

a) Er spricht weder verbal noch averbal alles aus, was zur umfassenden Diagnostik gehört.

b) Seine Aussagen und Verhaltensweisen können mehrdeutig sein.

c) Seine Aussagen und Verhaltensweisen sind oft einseitig geprägt durch die augenblickliche Situation und Dynamik, haben also nicht überzeitliche und grundsätzliche Bedeutung.

d) Sein Verhalten wird beeinflußt durch das Verhalten des einzelnen Diagnostikers.

2. Schwierigkeiten auf seiten des *Diagnostikers*:

a) Seine Wahrnehmung trägt subjektive und selektive Züge: »Was er von der Vielzahl des Wahrgenommenen für beachtenswert und relevant hält, hängt von seinen bisherigen Wahrnehmungs- und Denkerfahrungen, seinem persönlichen Wertsystem und seiner momentanen Motivation ab.« Außerdem spielen eine Rolle: »hohe Intelligenz, geistige Beweglichkeit, gute Be-

---

[1] Nach *A. Bürli,* Einige Hauptprobleme der Klientenbeurteilung, in »Sozialarbeit/ Travail Social«, Nr. 1/1972, S. 4–8, hg. Schweizerischer Berufsverband der Sozialarbeiter, Bern; vgl. auch *H. R. Lückert,* Die Problematik der Persönlichkeits-Diagnostik, E. Reinhardt, München/Basel, 1965

obachtungseinstellung, richtige Einschätzung der eigenen sozialen Einstellung, Gefühlswärme und emotionale Anpassung«[2].

b) In seine Diagnose können spontane und intuitive Dinge einfließen, z. B. persönliche Projektionen (Erwartungen, Vorurteile, Lehrmeinungen, Deutungsschemata, Analogieschlüsse, Abwehrmechanismen usw.).

c) Er scheut die widerspruchsreiche Komplexität eines Klienten und weicht der damit verbundenen »kognitiven Dissonanz« (Erkennen und Aushalten der Widersprüchlichkeiten) aus, indem er etwa vereinfacht und harmonisiert.

d) Er wird in seiner Diagnose vor allem von den Klientenäußerungen beeinflußt, die häufig, intensiv und einheitlich (in die gleiche Kerbe schlagend) auftauchen; außerdem werden die ersten Äußerungen des Klienten in der Regel besser behalten als spätere (»primacy effect«).

e) Er hat mit den allgemeinen sprachlichen Kommunikationsschwierigkeiten zu kämpfen, indem er etwa den Begriff »Sex« mit anderen Gedanken und Empfindungen verbindet als der Klient.

Ergänzung:

4. Konkretion

1. Hier ist nicht der Platz, auf die vielfältigen diagnostischen Methoden und Mittel einzugehen, eine Aufzählung soll genügen. Zur Diagnostik gehören: Fachwissen über körperliche, seelische, geistige Erkrankungen, über philosophische und theologische Deformationen, Entwicklungs- und Konfliktpsychologie, Sozial- und Kommunikationspsychologie, »ableitendes« und »ausschließendes« Diagnoseverfahren, Diagnostik mittels verschiedener psychologischer Testverfahren (Leistungstests, projektive Tests) und durch kritische Beurteilung von Körperformen, Motorik, Mimik, Gestik, Sprechverhalten, Sprachniveau, Handschrift usw. Diese diagnostischen Verfahren sind je nach Einzelfall einzusetzen. Ein diagnostisches Grundwissen ist zu erwerben.

2. Zu den wichtigsten Mitteln der Diagnostik gehört das Gespräch, konkret gesagt: Die partnerzentrierte Gesprächsführung, das methodische Zuhören, die akzeptierende Grundhaltung, die spiegelnde Methode, das überlegte Fragen usw. (vgl. die entsprechenden Kapitel!).

Bei gewissenhafter Anwendung dieser Methoden kommt es zu einer Selbstexploration (Selbsterkundung, Eigendiagnose) des Gesprächspartners[3]. Wenn er selber zu Erkenntnissen und Diagnosen kommt, ist die Wirkung stärker und tiefgreifender, als wenn ihm eine Diagnose zugesprochen wird.

3. Ob und inwieweit der Therapeut seine vorläufige Diagnose dem Partner mitteilt, hängt vom Einzelfall ab. Grundsätzlich sind hier Zurückhaltung und

---

[2] *Bürli*, a. a. O.
[3] *Tausch*, 1970, 280

Vorsicht am Platz, weil die bloße intellektuelle Mitteilung der Diagnose dem Partner wenig hilft. Wird die Diagnose vorschnell und schroff ausgesprochen, entstehen im Klienten Ängste, Abwehr, Flucht; er kann also die Diagnose nicht anerkennen und sich nicht aneignen.

4. Weil eine umfassende und endgültige Diagnose schwer zu erreichen ist, ist es eine vernünftige Selbstbescheidung, wenn man sich mit einer vorläufigen Diagnose und einer Teildiagnose begnügt (Fokaldiagnose: Ein bestimmter Brennpunkt, ein einzelner Konfliktherd wird diagnostiziert).

5. Ein einfaches Diagnoseschema kommt zur Anwendung, wenn man sich folgende Fragen stellt[4]:

a) Was weiß ich bestimmt? (Welche Beweise habe ich?)

b) Was vermute ich? (Habe ich Beweise für diese Vermutungen, oder lese ich etwas aus dem Partner heraus oder lege etwas in ihn hinein, was nicht stimmt?)

c) Wie war meine erste Reaktion (auf Aussehen und Aussagen des Partners)?

d) Wo liegen meine Sympathien und Antipathien (beide können blind machen für die wahre Situation des Partners)? An welchen früheren Besucher und welchen früheren »Fall« werde ich erinnert (Gefahr der Projektion)?

e) Was ist die (augenblicklich) wichtigste Krankheit oder Not des Partners? Welche Probleme hat er insgesamt? Kann er überhaupt den Großteil seiner Nöte aussprechen?

6. Innerhalb der Sozialarbeit wird u. a. folgendes Diagnoseschema verwendet, das relativ leicht zu übertragen und zu handhaben ist[5]:

a) *Problem*
Das Problem sollte nach Möglichkeit klassifiziert werden. Dann sollten die psychischen und sozialen Faktoren, die zu der individuellen Belastungssituation beitragen, benannt werden.

b) *Person*
Bei der Person sollte man sich fragen, was ist es für ein Mensch, z. B. seine Stärken und seine Schwächen beschreiben und auf seine Rolle, die Motivation und die Abwehrmechanismen eingehen.

c) *Vorgeschichte*
Bei der Vorgeschichte werden bedeutende Ereignisse der Vergangenheit aufgezeigt; für gewöhnlich kann man den Ursprung des Problems in der Lebensgeschichte erkennen.

d) *Behandlungsbarkeit*
Hier hat man sich zu fragen, wie willig ist der Klient, sich in eine Behandlung einzulassen; wie fähig ist er, es zu tun (Leidensdruck, Motivation, Intelligenz, emotionale Fähigkeiten, Willensstärke, Gesundheit)?

---

[4] Nach *H.-J. Thilo*, Beratende Seelsorge, Göttingen 1971, 101
[5] Entwurf der Akademie für Jugendhilfe, Victor-Gollancz-Stiftung, Erlangen

e) *Behandlungsplan*

Beim Behandlungsplan haben wir zu fragen, welche Ziele können erreicht werden, welche Veränderungen in der Umwelt des Klienten, welche Veränderungen in seinem Fühlen, Denken und Tun werden angestrebt, und welche Mittel sind dafür einzusetzen.

7. Um die Komplexität und Kompliziertheit einer Diagnose konkret aufzuzeigen, wird weiter unten ein »Katalog zur Diagnostik« angeboten. Vor einem laienhaften Gebrauch dieses nicht vollständigen Entwurfs wird ausdrücklich gewarnt – es wäre zum Beispiel fatal, würde man einen Klienten Punkt für Punkt abfragen. Mit gebührender Vorsicht läßt sich dieser Katalog für verschiedene Ziele verwenden:

a) Aufzählung (fast aller) wichtiger Gesichtspunkte, die bei Diagnose (Anamnese, Exploration) und Therapie zu beachten sind.

b) Vermeidung einer vorschnellen und vereinfachenden Diagnose (Allerweltsgutachten, Phantasiegutachten, Wertungsgutachten, Stempelgutachten, Harmonisierungsgutachten)[6].

c) Kontrolle, ob der Partner wichtige Gesichtspunkte verschweigt (warum tut er das?).

d) Entwurf eines umfassenden und geordneten Fallberichts.

e) Überblick über die Vielfalt von Gesprächsinhalten, denen sich Fachleute und »Laien« zu stellen haben.

f) Selbstkontrolle, ob der Gesprächsleiter für die Vielseitigkeit des Gesprächspartners offen ist (oder weitgehend subjektiv und selektiv wahrnimmt).

g) Überblick über die Vielfalt von Prägungen und Persönlichkeitsstrukturen, die ein Gesprächsleiter (Therapeut) mit sich herumträgt und sich bewußt machen sollte (Selbstwahrnehmung, Selbstkontrolle).

h) Prüfung von Personen, die Ausbildung und Beruf des Therapeuten, Seelsorgers, Beraters, Sozialarbeiters, Heimerziehers, Lehrers usw. anstreben.

Katalog zur Diagnostik[7]

I. Das Problem – Schwierigkeiten in Gegenwart und Vergangenheit:

1. Art des Problems: Objektiver Aspekt

2. Bedeutung des Problems für den Klienten: Subjektiver Aspekt

---

[6] *Lückert* (Hg.), Handbuch der Erziehungsberatung, E. Reinhardt, München/Basel, 1964, 416 f
[7] Nach *H.-R. Lückert*, Diagnostische Prozeßstadien, in »Handbuch der Erziehungsberatung«, hgg. von Lückert, München/Basel 1964, 353 f, 356 f; Vorlage stark verändert; kein Anspruch auf Vollständigkeit; weitere Kataloge a. a. O., 390–402

3. Ursachen des Problems: Anteil der Umweltsbedingungen und Anteil des Klienten

4. Bisherige Lösungsversuche

II. Der Gesundheitszustand

1. Allgemeine Krankheiten – Stellung zu ihnen

2. Auffälligkeiten: Mißwuchs, Sinnesfehler, Sprechfehler

3. Vegetatives System: Müdigkeit, Schlaf, »Nervosität«

4. Besondere Krankheiten (beim Klienten oder in dessen Verwandtschaft): Tuberkulose, Psychopathien, Neurosen, Süchtigkeit, Suizid, Kriminalität, Schwachsinn

III. Die Stellung im Elternhaus

1. Häusliche Verhältnisse: Wirtschaftliche Lage, Beruf von Vater und Mutter, Wohnverhältnisse

2. Wesen der Eltern und Erzieher – Verhältnis zu ihnen

3. Wesen der Geschwister – Verhältnis zu ihnen

4. Wer ist Lieblingskind bzw. »Schwarzes Schaf« bei Vater bzw. Mutter?

5. Erziehung: streng/frei, liebevoll/lieblos, schwankend, verwöhnend

6. Zeit zum Spielen, viele Pflichten

IV. Die Stellung zu Schule und Beruf

1. Welche Schulen wurden besucht?

2. Schulleistungen, auffallend gute oder schlechte Leistungen (Sitzenbleiben), Lieblingsfächer

3. Erledigung der Schulaufgaben (sofort – im letzten Augenblick), Lerneifer

4. Freude am Schulbesuch, Schulschwierigkeiten (Schulschwänzen, Schulmüdigkeit)

5. Stellung zu Lehrern und Mitschülern: Anerkennung – Streit – Ärger

6. Stellung zum Beruf: freie Berufswahl, Berufsausbildung, Berufserfolge, Berufswechsel, Berufsideal

V. Die Stellung zur Gemeinschaft

1. Bevorzugtes Beisammensein mit Kindern oder mit Erwachsenen

2. Isolierungstendenz oder Geselligkeitsstreben (soziale Anpassung)

3. Freundschaften und Feindschaften, besseres Verstehen mit Jungen/Männern oder Mädchen/Frauen, mit Gleichaltrigen, Jüngeren, Älteren

4. Beim Spiel: Anführer, Mitläufer, Außenseiter?

5. Tiefe Eindrücke von Menschen? Vom anderen Geschlecht?

6. Stellung zu Ehepartner und eigenen Kindern

7. Stellung zu Ober-, Mittel- und Unterschicht, zu Nachbarn, Berufskollegen, Ortsgemeinde, Stadt, politisch-kultureller Situation

VI. Die Erhellung einzelner Charakterzüge

1. Erstes Erlebnis (Lebensleitlinie)
2. Schönstes Erlebnis
3. Schwerstes Erlebnis, peinliches Erlebnis
4. Verhalten zu Blumen, Tieren, gebrechlichen, schwachen, alten Menschen
5. Furcht und Ängstlichkeit (Dunkelheit, Wasser, Tiere, Gespenster, Kinderängste, Angstträume)
6. Lebensgrundstimmung (manchmal traurig – worüber? Depressionen?)
7. Verhältnis zur Aggression
8. Verhältnis zur Sexualität
9. Verfolgung eines Planes und Zieles (Spannungsbogen)
10. Anlehnungsbedürfnis, Selbständigkeit
11. Selbstbeherrschung, Einordnung, Rücksichtnahme
12. Verhalten in Versuchungs- und Versagungssituationen, gegenüber Rivalitäten, bei Mißerfolgen
13. Antriebe und Antriebsschicksale:
    a) Sicherheit und Ordnung
    b) Zugehörigkeit und Zuneigung
    c) Beachtung und Anerkennung
    d) Besitz und Verantwortung
    e) Wettbewerb und Domination
    f) Erkennen und Lernen
    g) Gestaltung und Leistung
    h) Verhalten in Wunsch- und Anforderungssituationen: Führung, Bewältigung, Zurückhaltung, Anpassung, Opposition, Ausweichen, Rückzug
14. Träume – Tagträume

VII. Die Selbsteinschätzung

1. Fähigkeit zur Selbstbeurteilung
2. Beste und schlechteste Eigenschaft, Versuche der Abänderung
3. Besondere Befähigung, Erfolge und Mißerfolge, bestimmte Leistungen
4. Selbstbeurteilung und Beurteilung durch die anderen (Vergleich)
5. Durchsetzen, Beeinflußbarkeit, Unberechenbarkeiten, Unschlüssigkeiten, Ungereimtheiten des Verhaltens, Zwanghaftigkeiten
6. Gewissen (Sensibilität, Nachhaltigkeit), weltanschauliche Prägungen

VIII. Die Bedürfnisse, Wünsche und Interessen

1. Lieblingsgericht, Lieblingsspiele, Liebhabereien
2. Besondere Eindrücke durch Radio, Fernsehen, Kino, Theater, Bücher, Zeitungen, Illustrierte
3. Drei Wünsche
4. Ein ganz geheimer Wunsch
5. 1000 DM gewonnen im Toto: Was damit anfangen?
6. Einen Monat Ferien nach Wunsch verbringen. Wo? Wie? Mit wem?
7. Noch einmal auf der Welt sein. Als wer oder was?
8. Tarnkappe – Was tun?
Ergänzung:

26. Kapitel

Einschätzungsformular zur Methodik des helfenden Gesprächs

Abschließend werden in 23 Punkten die Hauptaussagen von 23 Kapiteln dieses Lehrbuches zusammenfassend aufgezählt. Anhand dieser Liste kann therapeutisches Verhalten eingeschätzt und kontrolliert werden, kann der Berater und Seelsorger sich ein Stück weit bewußt machen, wo die Stärken und Schwächen seiner Gesprächsführung liegen. Die Struktur des Therapeuten und seiner Gesprächshaltung wird allerdings nur deutlich, wenn dieses Formular häufig verwendet wird, und wenn zur Selbsteinschätzung immer wieder eine Fremdeinschätzung (durch Supervisor, Kollege oder Kollegenkreis) kommt.

Das Einschätzungsformular sollte vervielfältigt werden. Unmittelbar nach einem therapeutischen Gespräch wird ein Formular ausgefüllt; für die Selbst- und Fremdeinschätzung müssen in regelmäßigen Abständen Tonbandaufzeichnungen gemacht werden. Die Grundstruktur der Gesprächshaltung wird überschaubar, indem man etwa 10 ausgefüllte Einschätzungsformulare miteinander vergleicht. Wenn sich häufig herausstellt, daß etwa die spiegelnde Methode nur in geringem Ausmaß verwirklicht wird, sollte dieses Kapitel (mit seinen theoretischen Informationen und praktischen Übungen) nochmals intensiv bearbeitet werden.

Das Einschätzungsformular enthält nicht alle wichtigen therapeutischen Verhaltensweisen, läßt sich aber leicht erweitern; für bestimmte Zwecke kann auch gekürzt und damit vereinfacht werden. Die Bezeichnung »Einschätzungsformular« weist darauf hin, daß es um Schätzwerte geht und nicht um exakte Messung.

Einschätzungsformular zur Methodik des helfenden Gesprächs

Therapeut: .... Klient: ....

Insgesamt ....ter Kontakt am ....

Bitte schätzen Sie Ihr therapeutisches Verhalten unmittelbar nach dem heutigen Gespräch (oder nach dem Anhören der Tonbandaufzeichnung Ihres Gesprächs, Stichproben!) ein:

1	2	3	4	5	6	7
sehr wenig	wenig	eher wenig als viel	unent- schieden	eher viel als wenig	viel	sehr viel

1. Therapeut mied die Gefahren der Gesprächs- führung	1 2 3 4 5 6 7
2. Therapeut verfügte über Selbstwahrnehmung und Selbstkontrolle	1 2 3 4 5 6 7
3. Therapeut verhielt sich partnerschaftlich und tolerant	1 2 3 4 5 6 7

154

1 sehr wenig	2 wenig	3 eher wenig als viel	4 unent- schieden	5 eher viel als wenig	6 viel		7 sehr viel

4. Therapeut zentrierte sich auf den Gesprächspartner   1 2 3 4 5 6 7

5. Therapeut praktizierte das Zuhören mit Methode   1 2 3 4 5 6 7

6. Therapeut verfügte über emotionale Wärme und
unbedingtes Annnehmen   1 2 3 4 5 6 7

7. Therapeut verwandte die spiegelnde Methode   1 2 3 4 5 6 7

8. Therapeut begleitete den Klienten mit aktivem
Bemühen   1 2 3 4 5 6 7

9. Therapeut unterstützte die Selbstexploration des
Klienten   1 2 3 4 5 6 7

10. Therapeut war in seinen Äußerungen echt und
selbstkongruent   1 2 3 4 5 6 7

11. Therapeut äußerte sich konkret und individuell   1 2 3 4 5 6 7

12. Therapeut paßte sich in Sprachschatz und Sprachform an den Klienten an   1 2 3 4 5 6 7

13. Therapeut beachtete das Anspruchsniveau (psy-
chophysischen Möglichkeiten) des Klienten   1 2 3 4 5 6 7

14. Therapeut ermöglichte Vertrauensbrücken und Beziehungsgeflechte   1 2 3 4 5 6 7

15. Therapeut konnte sowohl mit Distanz als auch mit
Nähe umgehen   1 2 3 4 5 6 7

16. Therapeut erkannte die Chancen des Klienten für
Hoffnung und Mut   1 2 3 4 5 6 7

17. Therapeut konnte die Struktur des Gesprächs (sich
und dem Klienten) bewußt machen   1 2 3 4 5 6 7

18. Therapeut ging mit den direkten Fragen des
Klienten hilfreich um   1 2 3 4 5 6 7

19. Therapeut ging mit Fragen an den Klienten in
hilfreicher Weise um   1 2 3 4 5 6 7

20. Therapeut verhielt sich beim Gesprächsanfang
methodisch überzeugend   1 2 3 4 5 6 7

21. Therapeut ermöglichte einen methodisch-sinnvol-
len Gesprächsabschluß   1 2 3 4 5 6 7

22. Therapeut verhielt sich in Gesprächspausen methodisch angemessen   1 2 3 4 5 6 7

23. Therapeut war beim Diagnostizieren systematisch
und vorsichtig   1 2 3 4 5 6 7

Praktische Übungen

1. Das angeführte Einschätzungsformular stellt eine knappe Inhaltsangabe dieses Lehrbuches dar. Bitte greifen Sie jetzt zum Formular und versuchen Sie einzuschätzen, in welchem Ausmaß Sie die aufgeführten Lerninhalte in Theorie und Praxis beherrschen. Indem Sie das Formular in diesem Sinne ausfüllen, gewinen Sie einen gewissen Überblick über Ihren Lernprozeß, über Ihre Stärken und Schwächen.

2. Nehmen Sie die Gesprächsprotokolle »Ehemann« und »Braut« zur Hand, die ganz am Anfang von Kapitel 1 stehen. Notieren Sie bitte auf ein Blatt Papier therapeutische Antworten zu den einzelnen Klientenäußerungen – beanspruchen Sie dafür nicht mehr Zeit, als Sie in einem echten Gespräch haben. Abschließend stufen Sie Ihre therapeutischen Antworten anhand des oben angeführten Einschätzungsformulars ein. Sofern Sie innerhalb einer Arbeitsgruppe arbeiten, lassen Sie Ihre Antworten bitte auch von den Gruppenmitgliedern einschätzen, damit Sie Vergleichsmaßstäbe haben.

3. Sie haben, als Sie mit dem Durcharbeiten dieses Lehrbuches begannen und den Anfang von Kapitel 1 bearbeiteten, zu den Klientenäußerungen des »Ehemanns« und der »Braut« therapeutische Antworten gesucht und aufgeschrieben. Bitte greifen Sie auf diese Notizen zurück und stufen Sie jetzt Ihr therapeutisches Verhalten anhand des angebotenen Einschätzungsformulars ein. Vergleichen Sie Ihr früheres Vorgehen mit Ihrem jetzigen Verhalten: Was ergibt diese Lernkontrolle? Welche Konsequenzen ziehen Sie?

Literaturverzeichnis (Auswahl)

Bang, R.: Das gezielte Gespräch, 1. Teil: Gespräche als Lehr- und Heilmittel. Ernst Reinhardt, München/Basel 1968

Bastine, R.: Einführung in die klienten-zentrierte Gesprächspsychotherapie, in: Wege zum Menschen, Beilage »Praxis der Familienberatung«, H. 4 (1971), 481–486, Vandenhoeck und Ruprecht, Göttingen

Bernstein, B.: Soziale Struktur, Sozialisation und Sprachverhalten, Amsterdam 1970
– Lernen und soziale Struktur, Amsterdam 1970

Brocher, T.: Gruppendynamik und Erwachsenenbildung, Braunschweig 1967

Bürli, A.: Einige Hauptprobleme der Klientenbeurteilung, in »Sozialarbeit/Travail Social«, Nr. 1 (1972), S. 4–8, hg. Schweizerischer Berufsverband der Sozialarbeiter, Bern

Cohn, R.: Das Thema als Mittelpunkt interaktioneller Gruppen, in »Gruppenpsychotherapie und Gruppendynamik«, Bd. 3, H. 2, Vandenhoeck und Ruprecht, Göttingen 1970

Erl, W.: Gruppenpädagogik in der Praxis, Tübingen 1969
– Methoden moderner Jugendarbeit, Tübingen 1969

Faber, H., Van der Schoot, E.: Praktikum des seelsorgerlichen Gesprächs, Göttingen 1968

Freud, S.: Gesammelte Werke, VIII, X, XII

Haseloff, O. W.: Über Wirkungsbedingungen politischer und werblicher Kommunikation, in »Kommunikation« (Forschung und Information, Bd. 3), hg. O. W. Haseloff, Berlin 1969, 176 ff

Heckhausen, H.: Motivationsanalyse der Anspruchsniveau-Setzung, 1955

Hoppe, F.: Erfolg und Mißerfolg, 1931

Kamphuis, M.: Die persönliche Hilfe in der Sozialarbeit unserer Zeit, Stuttgart 1963

Koschorke, M.: Unterschichten und Beratung, in »Wege zum Menschen«, H. 4 (1973), S. 129–163, Vandenhoeck und Ruprecht, Göttingen

Langer, I.: siehe Minsel

Lawton, D.: Soziale Klasse, Sprache und Erziehung, Düsseldorf 1971

Lückert, H. R. (Hg.): Handbuch der Erziehungsberatung, Ernst Reinhardt, München 1964

Meyer, E.: Gruppenunterricht, Worms 1957

Minsel, W. R., I. Langer: Forschung in client-centered Gesprächspsychotherapie, in: U. Baumann – W. Schraml: Forschung in Klinischer Psychologie, Bern 1973

Moser, S. (Hg.): Information und Kommunikation, München 1968

Mucchielli, R.: Das nicht-direktive Beratungsgespräch, Salzburg 1972

Niepold, W.: Sprache und soziale Schicht, Berlin 1971

Pöggeler, F.: Methoden der Erwachsenenbildung, Freiburg 1964

Pongratz, L. J.: Lehrbuch der Klinischen Psychologie, Göttingen 1973

Rogers, C. R.: Die nicht-direktive Beratung, München 1972 (Counseling and Psychotherapy, Boston 1942)
– Die klient-bezogene Gesprächstherapie, München 1973 (Client-Centered Therapy, Boston 1951)

Scharfenberg, J.: Seelsorge als Gespräch, Göttingen 1972

Stendenbach, F. J.: Soziale Interaktion und Lernprozesse, Köln 1963

Stollberg, D.: Seelsorge durch die Gruppe, Göttingen 1971

Tausch, R.: Gesprächspsychotherapie, Göttingen, 4. Aufl. 1970, 5. Aufl. 1973

Tausch R., Roedler, J. R.: Client-centered Gesprächspsychotherapie, in: Klinische Psychologie, hg. W. J. Schraml, Bern 1970

Teigeler, P.: Verständlichkeit und Wirksamkeit von Sprache und Text, in Schriftenreihe »Effektive Werbung«, Stuttgart 1968

Thilo, J.: Beratende Seelsorge, Göttingen 1971

Tscheulin, D.: Ausbildung in therapeutischem Basisverhalten; Aufbau, Durchführung und Vergleich verschiedener Modelle von Ausbildungskursen in klientzentrierter Gesprächspsychotherapie, Dissertation Würzburg 1972

Volkshochschule, Handbuch für die Praxis der Leiter und Mitarbeiter, Frankfurt 1968, Blatt 71.126

Bezug auf Fortbildungskurse:

Trainingskurs I in Gesprächspsychotherapie, November 1972 in Münster (Leitung: *H. Bommert*)

Trainingskurs II in Gesprächspsychotherapie, März 1973 in Heidelberg (Leitung: *J. Eckert*)

Trainingsgruppe Stuttgart innerhalb der Gesellschaft für wissenschaftliche Gesprächspsychotherapie (Supervision: *E. Feuchter-Zimmer*)

Kurs »Pastorale Zielgruppenarbeit« der Evang. Landeskirche in Württemberg (Leitung: *K.-H. Lütcke*)

Kurse am Praktisch-Theologischen Seminar der Universität Heidelberg (Leitung: *M. Seitz, N. Dietel*)

Ruth Bang
Psychologische und methodische Grundlagen der Einzelfallhilfe
4. durchgesehene Auflage. 287 Seiten. Ln. DM 18.-

Das gezielte Gespräch
1. Teil: Gespräche als Lehr- u. Heilmittel. 2. Aufl. 220 S. Kt. DM 12.-, Ln. DM 15.50
2. Teil: Gesprächsanalysen. 188 Seiten. Kart. DM 10.-, Leinen DM 12.50

Rosa Dworschak
Der Verwahrloste und seine Helfer
Aus der Praxis des Sozialarbeiters. 160 Seiten. Kart. DM 11.-, Leinen DM 13.-

Albert Liebmann
Untersuchung und Behandlung geistig zurückgebliebener Kinder
44 Seiten. Kart. DM 7.50 (›Erziehung und Psychologie‹ Heft 57)
»Liebmanns Ausführungen bestechen durch Engagement und Praxisnähe: die heil-
pädagogisch-positive und zugleich sachliche Art, der fachlich-praktische, schlicht dar-
gestellte grundlegende Inhalt, der unsere heutigen Bemühungen in mancherlei Weise
zu bereichern vermag, z. B. die Berichte über die Untersuchung und die Übung der
Sinnesqualitäten.«   *Sonderpädagogik*

J. Linschoten
Erziehungshilfe für Problemkinder
Ein Ratgeber für Eltern und Erzieher von seelisch gestörten, lernbehinderten oder
erziehungsschwierigen Kindern. 108 Seiten. Kart. DM 8.50

M. Morgenstern / H. Löw Beer / Fr. Morgenstern
Heilpädagogische Praxis
Methoden und Material. 2. Aufl. 135 Seiten. 120 Abb. Pbck. DM 14.80

Otto Speck
Der geistig behinderte Mensch und seine Erziehung
2. Aufl. 212 Seiten. Leinen DM 19.80
»Das Buch von Speck ist grundlegend; ihm gebührt mit Recht der Rang eines Stan-
dardwerkes, das in die Hand jedes Sonderschullehrers gehört.«

Neuerscheinungen:

F. R. Shaftel / G. Shaftel
Rollenspiel als soziales Entscheidungstraining
Völlig neu bearb. u. übersetzt von Christine u. Wulf Weinmann. 230 Seiten. DM 15.80
UTB 279 (E. Reinhardt)

Marianne Hege
Engagierter Dialog
Ein Beitrag zur sozialen Einzelhilfe. 172 Seiten. DM 14.80. UTB 334 (E. Reinhardt)

ERNST REINHARDT VERLAG MÜNCHEN/BASEL

Rudolf Ekstein

Grenzfallkinder

Klinische Studien über die psychoanalytische Behandlung von schwer gestörten Kindern. 285 Seiten. Pbck. DM 24.50 (›Beiträge zur Kinderpsychotherapie‹ Bd. 9)
»Der Autor ist Leiter eines Forschungsinstitutes für Kinderpsychologie in Los Angeles (USA) und hat seit Jahrzehnten mit einem Stab von Mitarbeitern eine spezielle Psychotherapie des autistischen und psychotischen Kindes, einschließlich der sogenannten Borderline Cases (Grenzfallkinder) erarbeitet. Die erstmals im vorliegenden Buch zusammengefaßten Forschungs- und Behandlungsergebnisse berühren psychotherapeutisches Neuland und bereichern das Inventar des Kinderpsychotherapeuten wesentlich.«

Zur Testpsychologie:

Luitgard Brem-Gräser

Familie in Tieren

Die Familiensituation im Spiegel der Kinderzeichnung. Entwicklung eines Testverfahrens. 2. umgearb. u. erweit. Aufl. 141 Seiten. 30 Abb. Ln. DM 22.80

Edeltraut Knehr

Konflikt-Gestaltung im Scenotest

2. Auflage. 94 Seiten und 66 Abb. Paperback DM 14.80

Maria Renner

Der Wartegg-Zeichentest im Dienste der Erziehungsberatung

Nach der Auswertung von Vetter. 4. Aufl. 60 S. 24 Tafeln. Ln. DM 11.–

Jürgen Steinack

Die Anwendung von Intelligenztests in Schulen

Eine Einführung für Lehrkräfte. Kart. DM 7.50

Reihe ›Beiträge zur Psychodiagnostik des Kindes‹ – Neuerscheinungen:

Band 1: Marta Kos / Gerd Biermann

Die verzauberte Familie

Ein tiefenpsychologischer Zeichentest unter Mitarbeit von Günter Haub. 320 Seiten. 129 Abb. von Kinderzeichnungen. Leinen DM 42.–

Band 2: John G. Howells / L. R. Lickorish

Familien-Beziehungs-Test

Handanweisung übersetzt von Dr. med. Karl Klüwer. Plastikmappe mit 8 einseitig und 16 doppelseitig bedruckten Test-Karten. DM 38.–

ERNST REINHARDT VERLAG MÜNCHEN/BASEL